U0559336

Chinese Characters
For China
汉字里的中国

咬文嚼字文库

刘志基　著

汉字的衣裳

The Clothing of
Chinese
Characters

上海咬文嚼字文化传播有限公司

上海文化出版社

目 录

前 言

这本小书讲述的是汉字中的衣饰，顾名思义，就是要说说蕴藏在汉字本体之中的穿衣打扮之事。大多数青少年朋友或许并不熟悉这种讲述文字里的故事的读物。然而，文字本身就能讲故事，这正是我们使用的表意汉字不同于表音文字的最大特点。青少年朋友读一读，有助于自己进一步了解我们的母语文字，并获得一些新的知识。

本书所讲的内容大致分为以下五个部分。

一说整衣。《南方之神的"紧身衣"》，从甲骨文中驱动南风的南方之神"因"的那件贴身衣来说衣服起源的故事。《"垂衣裳"如何"天下治"》，通过解读"垂裳而治"这个成语中"垂"的含义，来讲解服装推动文明发展的作用。《"裘"字因何成了"求"》，解析《说文解字》把"裘"和"求"归为一字的缘由，进而介绍裘装的初始地位以及后世演变。

二说穿衣方式。《左衽与右衽：你是谁》，结合"衣"字春秋时代构形的量化分析，证明孔子"左衽"非华夏正统穿衣法的说法是符合历史真实的。《左袒与右袒：你要啥》，从成语"东食西宿"中贪心妹妹的戏剧化表演切入，分析"袒"字中的服装穿戴表意方式。

三说衣料。《"桑麻"别贵贱》，结合"桑""麻"二字在造字中受到的特别关照，来说明它们是中式衣装质料种类的两个基本来源，以及它们的社会分工状态。《"治丝"与"老总"》，以"丝""糸"在造字中总是扮演被治理对象角色为依据，来证明治丝文化在传统观念意识中留下的深刻历史印记。《丝绸之国与"念兹在兹"》，解说古代中国丝绸文化浸润下的特殊指称方式的形成轨迹。

　　四说头衣、足衣及衣饰。《冠的尺寸》，通过"冠"字的解析，细说戴帽子的种种礼法规矩。《消失的尾饰》，分析"尾"的造字意图，追溯上古尾饰变迁脉络。《围裙是如何"咸鱼翻身"的》，从今日婚礼中的"系围裙"仪式说到上古时代祭祀礼服"市"，揭示其中共同的出于生存需求的质朴成因。《袜的变迁》，从"袜"字的异体演变中，解析袜子形质的历时演化。《"缘"从哪里来》，论说"缘"的来历：在修饰"边幅"，即装饰衣服边缘的传统喜好作用下，本表衣服边缘的"缘"字的通行意义演变为人与人之间美好的交集关系。

　　五说服装颜色。《"黑头巾"的来龙去脉》，从平民百姓为何称"黔首"这个问题切入，解析了黑色头巾象征意义的来由。《"黑衣人"的前世今生》，通过上古"黑衣"侍卫到后世"皂隶"的服色联系，解说黑色的多重文化含义。《黄袍与绿帽》，细说"黄""绿"二字的意义演变，论述"黄""绿"二色是如何成为服色中的尊卑代表的。《何为"红得发紫"》，描述了"红""紫"二色演变为尊者之色的曲折历程。

唐代周昉《簪花仕女图》中贵族妇女的华丽衣饰

　　当然，青少年朋友在读这本小书时也可能会接触一些陌生的知识点，其中主要就是古文字，毕竟，汉字文化内涵的呈现，往往是通过挖掘古文字构形的信息来实现的。古文字虽然似乎离我们挺远，但是我想告诉青少年朋友的是，大家现在学一点古文字，好处很多。

　　汉字有着三千多年的历史，表意文字的性质，使得它的本体成为我们这个民族和国家历史以及语言文化演变的"化石"。从这个意义上说，汉字本体就是中华文化的根脉。近年来国家大力扶持古文字这个"冷门绝学"，2020年起，在一些985高校通过自主招生的途径开展"古文字学"的"强基计划"招生，实行本科到博士的连读培养模式。当然，学一点古文字的意义绝不仅仅是拓展一个高考途径，还因为它能实实在在提升我们运用母语文字的能力。虽然我们写的是现代通用字，说的是现代汉语，但是，由于我们母语文字的历史悠久，我们当下使用的语言文字中每每有着深刻的历史蕴涵，而我们语言文字水平的高低，很大程度上取决于对这种历史蕴涵的把握。

　　不久前，教育部办公厅印发《关于进一步加强中小学规范汉字书写教育的通知》，其中特别指出："传承优秀汉字文化，培养学生感悟汉字的文化内涵。"很显然，就"培养学生感悟汉字的文化内涵"这个当下中小学校需要强化的教学要求来说，这本小书的出版也算适逢其时，希望它能对青少年朋友的母语文字学习提供有益的帮助。

南方之神的"紧身衣"

　　人为什么要穿衣服？这似乎是一个永远存在的问题。优衣库在近年推出的全球品牌宣传片中，向大众提问："我们，为什么而穿衣？"大众的答案林林总总。人类学家也在争论："人最初穿衣的目的是什么？"有保暖、遮羞、护体等不同答案。然而，人们寻求答案的目光从来没有聚焦过文字，这不能不说是一种遗憾。

　　"衣"是汉字字符集中最早出现的文字之一，它的构形在古文字中算是非常统一的。

　　"衣"的 甲骨文字形

"衣"的 金文字形

"衣" 在《说文解字》中的小篆字形

对于这个字形,《说文解字》的作者许慎说"象覆二人之形"。这个说法得到一些赞同。

比如清末著名学者俞曲园(俞樾)就对许慎的这个说法作进一步阐述:"衣之本意,盖谓被也。……其从二人者,或像夫妻钦。"这段话中的"被",今天读作"披",按他和许慎老夫子的意

出土于马王堆汉墓的印花敷彩纱丝绵袍，现藏于湖南省博物馆

思，"衣"字描摹的形象，就是可以披盖两个人的服装，而著名学者徐复也对俞氏此论表示认可。

但是，对照前面罗列的古文字来看，它们的构形似乎都不能视为"象覆二人之形"。是不是这几位老先生都说错了？我们似乎还不能作简单的对错判断，因为许慎们的解说在另一层面上有一定合理之处，我们在后文详说。但是就"衣"字具体字形而言，另外两位老先生的说法才比较符合事实。

徐协贞先生说"衣"之构形："上象领袖，下左短右长，象合掩之形。"(《殷契通释》)此说大致是对的,只是"下左短右长",只说对了部分构形的特征,不如罗振玉先生"盖象襟衽左右掩覆之形"(《殷虚书契考释》)之说更加通透。由此可见,"衣"字所描摹的构形,重在凸显"衣"的保暖性:衣领裹住颈部,两袖套牢手臂,襟衽左右掩覆可令衣服紧裹身体。"衣"字构形的这种设计意图,在另一个字中有着更清晰的呈现。

殷墟出土的甲骨文中,记录了四方神灵的刻辞(《甲骨文合集》14294 片),其中表示南方神的甲骨文字形非常特别,见下图。

此字不太好认,学者们曾有"炎""粦""夹""依"等不同的解读。目前,学界释字基本达成共识,这乃是"因"字。

字释"因"的理由主要是以下两点:首先,在传世古文献(如《山海经·大荒南经》)中,南方之神就叫作"因"。其次,通过汉字构形演变分析来看,可以视为"衣"和"大"的组合。只是这个"衣",用了一种更加紧贴人身的方式呈现。具体来说,这个中的"大（人）"描摹的是一个正面站立的人，人形四周所附线条组合起来就是"衣"。这种写法强调"衣"贴附于人，用意就是要凸显"衣"对于人的保暖性。

"因"字构形演变系列可以作为这种判断的证据：

甲骨文	甲骨文	西周金文	战国楚简

这种字形演变的传承，也可以证明人确实就是个穿着衣服的正立之人。

南方之神为什么是个穿衣人？安徒生的著名童话故事《卖火柴的小女孩》或许有助于我们理解这个问题：一个寒冷的新年夜，一个衣服破烂，没有外套、围巾、手套，甚至脚上没有鞋的小女孩，尽管擦燃了她没有卖出去的火柴，但是依然被严冬带走了生命。

穿衣的基本目的是御寒，而风来的方向与人的冷暖感受相关。风从南方吹来，无异于给大地穿上一袭暖衣；风从北方刮来，则给人带来肃杀、刺骨的寒气。而这种感受，在甲骨文刻辞中有充分的表达："南方之神叫作因，南方的风叫作飘……北方之神叫作伏，北方的风叫作杀。"

北方神的名字叫作伏。这个"伏"的甲骨文字形见右上图。

此字正像一个俯身蜷缩的人，这种肢体行为，与寒冷的关联性是显而易见的。

北方的风叫作杀，这个"杀"在刻辞中本写作"殺"，甲骨文字形见右中图。

字形左边是一个跪地的人（卪），右边是"殳"，即一种捶物之器，因此这个字被认为象"杀人以梃（棍杖）"之形，是表示"杀人"的专字。北方之风叫作杀，表达的当然是北风寒气肃杀的意思。

南方的风则用"长发髟髟"的"髟"来表达，见右下图。

这个字像人长发飘然状，实际上记录的是"飘"。《诗经·卷阿》中有"飘风自南"的诗句，显然甲骨文中南方的风，正是《诗经》中的"飘风"。这种风持续时间较短但风力甚大，正是夏季南风的特点。值得注意的是，这个"飘风"还被认为具有更加抽象的"温暖"义。《诗经》研究者

伏

杀

髟

陕西岐山周公庙，匾额上书"飘风自南"

认为，《卷阿》是召公随从周成王游于卷阿之上所写的诗，用以赞美周成王，同时规劝他求贤用贤。在陕西岐山周公庙的乐楼南门上方，挂有一块书有"飘风自南"的匾额，它不仅描述自然景色，还寓意周王德润之风，象征体恤百姓的精神。历代诗人也常常用"南风"来赞颂帝王对百姓的关怀和恩惠。

不难发现，在殷墟甲骨刻辞的逻辑里，南方的"飘风"正出自于南方之神"🜍"，而在造字者的心目中，南风（飘风）中充斥的热力，正来自于南方之神穿的那件贴身的"衣"。

"垂衣裳"如何"天下治"

有个成语叫"垂裳而治",网上的解释为"垂衣而能治理天下,用以称颂帝王无为而治"。类似成语还有"圣主垂衣",《汉语大词典》解释为:"形容天下太平,无为而治。"但让人费解的是,衣裳的垂不垂,与天下的治不治又有啥关系?或者说,垂衣裳为什么就可以表示"无为""天下太平"?

这些成语都出自《易经》,原话是:"黄帝、尧、舜垂衣裳而天下治。"显然,按这句话的逻辑,"垂衣裳"是"天下治"的一个先决条件。

马王堆汉墓出土的素纱禅衣

"垂衣裳"的"垂"，历来有不同解读。有人释为"制作"，但"制作"之义并不见于"垂"字义项系列。于是有学者借助于"通假"，认为"垂"通"缀"，表"缝制"义。（高亨《周易大传今注》）然而，缝制件衣服就能"天下治"，好像也挺夸张的，很难令人信服。其实，"垂"字还有"传"义，用此义不必通假也可以读通"垂衣裳"。南怀瑾、徐芹庭将"垂衣裳"译作"制作衣裳垂示于人"（《周易今注今译》），就是把"垂"解读为"传示后人"。不难发现，这种解释是比较合理的。《汉语大词典》解释"垂衣裳"为："谓定衣服之制，示天下以礼。后用以称颂帝王无为而治。"这似乎是包容两种说法的一种解说，显得更加周到。

　　但是，即使将"垂衣裳"的"垂"解读为"传"，还是难以消除人们的疑惑：把"衣服之制"传下去，怎么就能保证"天下治"呢？回答这个问题，需要探究与衣服相关的上古时代人们的文化心理。

　　人类是无毛羽、甲壳以及厚实皮脂护体的动物，裸露身体自然无法在寒冷气候中生存。而人类的这种"缺陷"并非是从来就有的，人类祖先最初与猿猴无异，长有一身长毛。至于这身护体保暖的"毛衣"为什么会渐渐褪去，人类学家们给出的解释是：一方面，人类在直立奔走追逐猎物的过程中需要散热。另一方面，由于人类具有更高的智商和生存能力，在需要的时候也有能力借助于身外之物来护体保暖。

　　当然，这是一个漫长的过程。人类何时褪毛？关于这个问题的解答,不起眼的虱子做出了贡献。寄生于人身上的虱子分两类:头虱和阴虱,而它们的分类成功与人类褪毛息息相关。虱子原来并没有头虱和阴虱的区分,人类祖先在进化的过程中将身体大部的毛发褪去,导致虱子不得不迁往两处毛发残留的部位求得苟存。时间久了,两地分居的虱子便出现了分化。美国的研究人员追溯头虱和阴虱的基因,发现分化时间大约在17万年前。这意味着,人类在17万年前尚有长毛庇护全身,因而可以不必有衣服。此后,褪去了长毛的人类就不得不靠衣服来护体保暖。

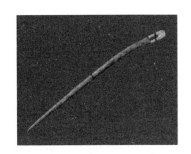

山顶洞人使用的骨针

良渚文化遗址出土的葛布

考古人员在周口店的山洞里发现了骨针,这说明1.8万年前的山顶洞人已经在缝制衣服了。在距今6000年前的仰韶文化遗址中,人们发现了每平方厘米经纬各有10根的粗麻布印痕,这呈现了当时的衣料形态。在距今4000多年前的良渚文化遗址中,人们发现了每平方厘米经纬各有20~30根的细葛布和每平方厘米经纬各有40~50根的绢,可见衣料的精致化程度也是与时俱进的。

　　毫无疑问，这种衣装文化的演进，也从一个侧面揭示了衣装的研制乃是人类生存的一个重要课题。"衣、食、住、行"，是对人类物质生活的概括，而"衣"字居首，其重要性可见一斑。上古传说把衣服的发明归功于先圣帝王，并认为他们创制衣装的功绩可以保障人们生活的平安祥和，也是一件合理之事。

　　关于衣服在古人心目中的重要性，古文字里多有呈现。如"庇护"之"庇"。

　　古文字"庇"是个形声字，"衣"是表意的偏旁，"衣"中间的"匕"是表音的偏旁。此字见于甲骨文合集6943片，上面刻辞的意思是命令"多奠"转移到比较近的城邑中受庇护。"多奠"是具有特定身份的人群。裘锡圭说："商王往往将被商人战败的国族或其他臣服国族的一部或全部，奠置在他所控制的地区内，这种人便称为奠。"显然，在"庇"的造字思维中，"衣"的意义与"因"类同，都折射出造字者对衣服保障人类生存作用的高度认同。

庇

早期汉字系统经常用"初"和"卒"这两个字表示时间。

甲骨文   西周金文

　　对于"初"的造字意图,《说文解字》的解释为:"始也。从刀,从衣,裁衣之始也。"这也就是说,对于事情开始这个概念,造字者用了"衣"和"刀"两个字符会意,来表示一种"裁衣"行为。之所以用这种行为来表示"开始",是因为"裁衣"正是"制衣"的开始。吴其昌先生进一步解释道:"初字从衣从刀。初民之衣,大抵皆兽皮以刀割裁而成。衣之新出于刀,是初义也。"(《金文名象疏证》)"初"的这种本义,在先秦出土古文献中比比皆是。

　　与"初"相对,对于事情的终了,早期汉字系统用"卒"来表示。成语"有始有卒"出自《论语·子张》,意思与"有始有终"相同。

甲骨文的"卒"大致有两种写法。一种与"衣"形类同：

表示"终了"的"卒"之所以用描摹完整上衣来表示，就是因为完整的衣服正代表制衣过程的终结。不难发现，不少"卒"字用弯曲的线条强调衣服下端最后部分，凸显制衣完成。

另外一种是在"衣"的边上加上"聿"，楷书可以写作"裨"：

这个"卒"字应该分析为从衣、聿声。因为古音"卒"和"聿"相近，所以在用"衣"来表达"卒"的基础上，造字者又加上"聿"来更精密地表达"卒"。当然，这也同样表现了造字者用成衣来表达"终了"的造字意图。

对于空间概念，上古汉字系统多用"表""里"两字来表达，而"表""里"又都与"衣"脱不了干系。"表"字古代的基本意义是"外面"，成语有"表里如一""表里山河""出人意表""徒有其表"等，其中的"表"都传承了"外面"的意义。而"表"字的古文字从衣、从毛，写作：

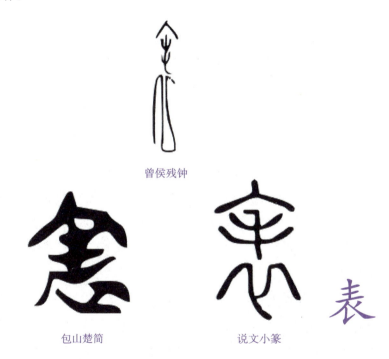

曾侯残钟

包山楚简　　　　　说文小篆　　表

　　可见"表"主要是个会意字，会裘衣毛在外之意。其中的"毛"也兼有表声音的作用。

表示"里外"的"里"，繁体为"裏"或"裡"，从衣里声。古文字写作：

毛公鼎　　　　　包山楚简　　　　　说文小篆　　　里

关于"裏（里）"的造字意图，《说文解字》这样说："衣内也。从衣里声。"高田忠周对此加以补充："衣外为表，衣内为里。此原依裘义为字者。故表从毛。"（《古籀篇》六十七）这个说法认为"裏（里）"中的"衣"，实际上仍是"裘"这种皮革所制外面有毛的"衣"，符合当时造字者的观念。

人类对时间和空间的认识，是通过对客观世界具体事物和现象加以抽象而获得的。在汉字系统形成时期，我们祖先的这种抽象认识，很大程度上是依凭着对"衣"的感知而获得的。这当然也证明了"衣"在古人心目中特殊且重要的地位。由此来看，"垂衣裳而天下治"中的逻辑还是不难理解的。

"裘"字因何成了"求"

　　"裘""求"二字的关系耐人寻味。在《说文解字》里，许慎认为两者是同一个字，前者立为字目，后者被定为前者的古文。然而，"裘""求"二字实际用法相去甚远：前者一般作名词，后者一般作动词；前者通常表示一种服装，后者通常表示一种心理活动。风马牛不相及，怎么就成了一个字呢？

　　《说文解字》研究者有这样一种解释："古人着皮衣，毛向外以为观美。""重文求，上象领，下象皮衣毛露之形，因篆借为祈求，而又加衣以别之。"（饶炯《部首订》）这个文言解说用现在大白话来翻译就是这样："求"字之形表现裘衣毛向外而具有美感，人有求美之心，因此它又被借来表示祈求之"求"，为了加以区别便在"求"字形上加"衣"旁来区别。以今日学界相关汉字发展史的认识来看，饶炯的解

狐青裘

说显然是不对的，因为《说文解字》的"裘"字与古文"求"字其实各有自己的来源，怎么也扯不上同字的关系。但是从古人用字的文化心理来看，饶说对于我们认识"裘""求"关系却也不无帮助。

"裘"作为一种服装种类，在上古时代成为人们追求的对象，应该是一件很自然的事。但是原因却未必是其"毛向外以为观美"。古有"轻裘肥马"一语，用以夸人阔绰。事见《论语·雍也》：孔子的弟子子华（就是公西赤）出使齐国，孔子的另一个弟子冉有为子华的母亲请求小米救济，孔子同意给的小米有限，而冉有实际给的小米却很多。孔子便说：

"赤之适齐也，乘肥马，衣轻裘。吾闻之也，君子周急不继富。"朱子集注解释这段话："乘肥马、衣轻裘，言其富也。急，穷迫也。周者，补不足。继者，续有余。"值得注意的是，孔子在批评冉有为公西赤"继富"，宣扬他的周急之道的表述中，用"衣轻裘"来形容子华之富。除了可以炫"富"，裘也象征"贵"。在西周青铜器铭文中，裘是周王赏赐有功大臣的主要物品，有"豹裘""虎裘""貔裘"等，类似铭文，达二十多见。由此可见，裘这种衣装，上古时代尤被看重。究其原因，或许并不那么简单，有必要进一步探究。

今天的人们，或许很容易将裘的华贵与它的制作材料皮革联系起来，因为皮革显然比一般的纺织衣料更不易得。然而，上古时代，情况却并非如此。不妨看看"皮""革"二字的古文字构形。甲骨文"革"字构形如下：

  革

整个字象兽皮摊开制革之形。可以认为是一种兽皮经初步加工后的形态。"皮"的甲骨文和金文构形如下：

花东卜辞550　　　　　叔皮父敦

其中的 ，是革之构形省略写法，边上的图形就是手，故其造字意图为从又持半革，表示剥去兽皮的意思。

很显然，"皮""革"二字造字意图一动一静，表达的都是古人对兽皮的高度认同：野兽们仅凭一身皮革，居然可以安然度过严寒，何不把它扒下来为自己所用呢？这种想法，在上古人类的生活环境中是很容易产生的。值得一说的是，"皮"字在上古语言中专指兽皮，而人皮则以"肤"来表示。所以《诗经·硕人》中描绘美人皮肤之美只说"肤如凝脂"，而决不会说成"皮如凝脂"。当然，把人比喻为禽兽时可以不受此种限制，《左传·襄公二十一年》记载州绰想向齐庄公讨封，便自夸勇敢，将庄公的猛将"譬于禽兽"，而自己可以"食其肉而寝处其皮矣"。这句话, 正道出了古人以兽皮为衣的物质背景。人类早期皆以渔猎为主要生产方式, 在长期的狩猎生活中, 人们很容易发现: 野兽的皮毛乃是极好的御寒护体之物, 故猎获野兽以后, 兽肉自然用以充饥果腹, 而兽皮则不免被用来御寒护体。即使气候条件没有御寒的必要, 出于狩猎的需要或者狩猎者自我炫耀的心态, 古人仍多行此兽皮加身之举。总之, 以兽皮为衣装, 在远古时代应是再自然不过的事情了。

然而, 将兽皮用作衣装, 也会在很大程度上决定衣装的穿着方式。关于这一点, 民俗学家的看法很有启发性: 人类最早是以 "披" 这种简单的行为方式来创造自己的服装的 (详参乌丙安《中国民俗学》)。而 "披" 这个字又呈现了这样一种信息: 上古先民发明 "披" 这种穿衣方式, 是因为所披之物主要是皮。

"披" 是一个后起字, 在它出现之前表示 "披" 这个词的就是 "皮"。《马王堆汉墓帛书〔肆〕·阴阳脉甲》: "皮发, 大丈 (仗), 重履而步。" 其中 "皮发"

故宫博物院藏皇室裘皮

古人披衣雪中行

的意思就是披着头发。"皮"很适合用来"披",也常常被用来"披",所以用它来表示"披",是一件很自然的事。还有一些有"披"的意义的字,也多是以"皮"为声符的。比如"被",屈原《山鬼》"被薜荔兮带女罗","薜荔"是一种攀援匍匐型藤本植物,适合披在身上,"被薜荔"就是"披薜荔"。又如"帔",也就是《释名》所说的"披之肩背不及下"的大披巾。这些字里"皮"这个声符,其实并非只有标注读音的意义,研究者将诸多以"皮"为声符的字排列为一个发展谱系,而"皮"则为这一演变谱系之源头，这些字的发生缘由被作这样的解释："引申为凡加于物表者均得以称皮。"（《古文字谱系疏证》）从字源学的角度来说，"皮"是一个初文，而"披""被""帔"等都是"皮"所派生的后起孳乳字。这种派生孳乳之所以会发生，是因为在古人的心目中，"披"的概念都与"皮"有密切关联，所以才在"皮"字的基础上增加表义偏旁构成一系列带有"披"义的文字。

　　以上所述种种情况告诉我们：衣皮是上古人们在穿着衣服这种行为中极早的一种选择，而用皮来御寒的具体方式通常就是"披"。这当然是因为兽皮通常厚实坚韧，很适合"披"着，却难以精细化加工。但是，衣服如果只是披着的，就其实现御寒等使用功能来说那就太不给力了，所以将其制作成适合人穿着的"衣"的样式，就非常重要了。而完成了这种加工的皮装，正是"裘"。

　　甲骨文"裘"象衣外有毛的皮裘形：

这种字形如果去掉毛的描绘，那就是甲骨文"衣"字：

这就意味着，在造字者心目中，裘的原料虽然是兽皮，但它必须制作成"衣"字构形所呈现的有着衣领、两袖，且衣襟相互叠压，兽皮有毛的一面朝外的服装样式，这样才能称之为"裘"。在西周金文中，"裘"的构形变化成了形声，一种是在原象形字形内加"又"表音：

也有用"衣"来替换原象形字形：

又或用"求"（字形象叫"蛛"的一种虫）替代"又"作声符：

显然，"裘"字无论怎么变，"衣"的构形始终保持在其中。然而，将皮革制作成适合穿着的"衣"型的裘，似乎并不那么容易，因此它成为周王朝直接干预的一件大事。《周礼》记载，周代有"司裘"这样一个官职。司裘的职务权限是："掌为大裘，以共（供）王祀天之服。中秋献良裘，王乃行羽物。季秋献功裘，以待颁赐……凡邦之皮事掌之。"司裘的属官还有叫"掌皮"的，掌皮的职务是："掌秋敛皮，冬敛革，春献之，遂以式法颁皮革于百工；共（供）其毳毛为毡，以待邦事。"由此可见，"裘"的制作其实是在中央王朝的直接掌控下完成的。

综上所述，裘在上古，从里到外都透着贵族气，为人所求，是很自然的事。在这种文化环境下，用"裘"为"求"或用"求"为"裘"，都是容易发生的。前者如《诗经·大东》："舟人之子，熊罴是裘。"后者如古人名有"乐正求"（《汉书·古今人表》），也作"乐正裘"（《孟子·万章下》）。《说文解字》以"求"为"裘"之古文的原因，可以借用老子《道德经》的"道可道，非常道"的经典句式给出概括，那便是"裘可求，非常裘"。

左衽与右衽：你是谁

前文我们说过："衣"之构形，基本的意图在于保暖。这种判断属于大而化之的说法，如果细究，"衣"之构形尚有可以进一步探讨之处，而此处即是"衣"之下部。

关于这个部位，徐协贞先生说："下左短右长，象合掩之形。"（《殷契通释》）此说大致可从。但是"下左短右长"，只说对了部分构形特征，而罗振玉先生"盖象襟衽左右掩覆之形"（《殷虚书契考释》）之说是更加全面的。

"衣"的构形相对稳定，要说变化，主要就在"襟衽左右掩覆"之处：

左右分离构形

左短右长构形

左右联线构形

左长右短构形

左右相接构形

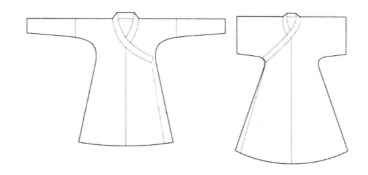

左衽与右衽（图源：《中华民族服饰结构图考·汉族
编》，中国纺织出版社出版）

  还有其他另类字形，不再——列举。而恰恰是"襟衽左右掩覆"这
一点上的变化，对于认识传统服饰文化颇有意义。

  "襟衽左右掩覆"，其最初的目的显然只是为了保暖。但是"左右
掩覆"毕竟有两种选择，取去之间便会产生某种文化差异。孔子曰："微
管仲，吾其被发左衽矣。"（《论语·宪问》）这一文献记载表明，中原华
夏习惯上衣襟右掩，称为右衽；而异族崇尚左，衣襟左掩，是为左衽。
类似记载还见于《尚书·毕命》所记载周康王的言论："四夷左衽，罔不
咸赖，予小子永膺多福。"所记如果可信，则早在周康王时期，"左衽"
和"右衽"就已经是夷夏之分的一个标志。后世文献此类记载很多，如
《汉书·匈奴传》："（匈奴）披发左衽。"《旧唐书》："于时百僚端笏，

戎夷左衽，虔奉欢宴，皆承德音，口歌手舞，乐以终日。"陆游的《剑南诗稿》中，多现"左衽"之词，以"左衽"表示败亡。早年投身反清革命的于右任，其"右任"之名，其实也是源自"右衽"。他本名伯循，字诱人，后取名"右任"，实有"驱除鞑虏，恢复中华"的寓意。

然而，近年来有学者对于上述"左衽"和"右衽"说的历史真实性提出质疑，其主要依据：一是考古发现的地下实物图像，如商代与早期周代墓葬出土的玉人等是对襟、右衽、左衽并存的。二是古文字"衣"的构形，根据所列的 7 个甲骨文字形（🔾🔾🔾🔾🔾🔾🔾）和 3 个金文字形（🔾🔾🔾）提出："由字形可知，衣襟相互叠压，或向左或向右，两种字体交互使用且并没有确定方向。因此，在甲骨文和金文创始之初，华夏族还不存在严格的左衽与右衽的区别，而且似乎右衽在当时还没有左衽流行。"（陶辉等《"披发左衽，华夷之辨"的考辨》，《装饰》2020 年第 7 期）也有学者否认更多断代的"左衽""右衽"之别，提出："无论是商周、秦汉还是魏晋南北朝乃至唐宋明清时期，在各民族文化不断交融的前提下，各民族的服装形制也随之不断地借鉴与改变，左衽与右衽也

汉代塑衣式陶俑（右衽）

不再是民族的界限。"（王统斌、梁惠娥《基于文化遗产保护与传承的古代左衽服装探究》，《丝绸》2010 年第 10 期）

细究质疑者的依据，不难发现这样的问题：考古发现虽然真实，但实物太少，不同断代的分布也不系统，仅根据个别图像立论，并不容易令人信服。而古文字的证据，如果仅仅举例性给出个别字形，也是靠不住的。

中国的古文字形是内涵极丰富的古代文化资源，然而对这一资源的科学运用，则需要系统把握其动态使用的各种信息。笔者主编的《古文字构形类纂·金文卷》（上海辞书出版社 2023 年版，以下简称《类纂》）是一部穷尽辑录商周金文并对整字和偏旁进行系统构形分类的新型古文字构形工具书。商周金文是最规整的古文字类型，其长达千年的时间跨度又是各古文字种类之最，用以作为古代文化的研究材料显然是合适的。以下就依据相关的《类纂》金文构形分类成果，来重新探究"左衽"和"右衽"现象的历史真实性问题。

"衣"这个字符，偏旁远远多于整字，《类纂》的商周金文"衣"旁共计 597 个，其中支持"左衽"的 206 见（下图字形后数字是其出现次数，以下各图同此）：

支持"右衽"者 36 见：

显然，《类纂》呈现的"衣"之形象，是左衽多见右衽少见，左衽的时段覆盖也较右衽更长。这似乎表明铭文书手们并不注重把"右衽"的形态描摹出来，不支持华夏右衽之说。

值得注意的是，文字的"象形"并不等同于图画的描摹，注重书写效率和运笔的人体行为的习惯性，是决定文字形态的重要因素。如设身处地从书手的角度考虑，可以发现，只要不是左撇子，从书写便利的角度来说，把"衣"的最后一笔往右下写长（即 ）是最符合自然书写习惯的。

关于这一点，有他字作为旁证。

比如"心"，有下部两个斜画交接的写法，《类纂》辑录共计164 见，而其中159见是左边斜画右拽而类同于：

5次是右边斜画左拽类同于：

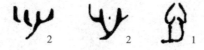

再如"皀",同样有下部两个斜画交接的写法,而其 125次出现,全部都是左边斜画右拽:

"巳"有下部加饰笔的写法,而所有此类构形,也都是右拽笔法:

很显然,对比"心""皀""巳","衣"的下部书写显然就很反常了:就左拽与右拽的比重而论,"心"是159比5,"皀"是125比0,"巳"是5比0,"衣"则是206比36。有为数不少的彡存在,可以证明有相当一些书手,即便忍受一定的书写不便,也还是要保持"衣"的"右衽"形态。

值得注意的是,彡这种"右衽"形态的"衣",主要出现在春秋时段。彡的时段分布为:西周早期1次,西周中期4次,西周晚期9次,而春秋时期22次。可见春秋时段的铭文书手对于保持"衣"的"右衽"形态是最上心的。与之相应,说出"微管仲,吾其被发左衽矣"这样的话来的孔子也正是生活于春秋时代的人。这种对应,当非巧合。

综上,就古文字构形材料来看,华夏右衽的历史是可以得到证明的。至迟在春秋时期,这种习尚已经具有相当的影响力。

左袒与右袒：你要啥

说了古人穿衣的"左衽"与"右衽"，再来谈谈古人的"左袒"与"右袒"。

"袒"的意思是脱去衣服露出肉体或内衣。有个成语叫"齐女两袒"，乍一看有点吓人，不过弄清成语的来历，就明白"两袒"所谓何意了。"齐女两袒"出自《太平御览》引汉代应劭《风俗通》：

齐国有个小美女，待字闺中，同时被东西两家看中想娶作儿媳。东面那家是暴富之户，但儿子奇丑无比；西面那家是穷光蛋，但是儿子貌似潘安。小美女的父母拿不定主意，便让她自己拍板。他们对女儿说："如果你觉得难为情不好开口，不说也行，你愿去东家，就脱去左衣袖袒露左胳膊，愿往西家，就袒露右胳膊。"没想到这小美女同时袒露了左右两条胳膊，告诉父母："东家有钱，我到东家吃饭。西家的小伙漂亮，我就到西家睡觉呗！"

这个另类小猛女的"左袒""右袒"举动在我国历史上还真非鲜见。

《史记·吕太后本纪》中有"为吕氏右袒，为刘氏左袒"之语：

汉高祖刘邦死后，吕后当权，培植吕氏的势力。吕后死，太尉周勃等发起"诛灭诸吕"行动。周勃来到军中对众人说："拥护吕氏的右袒，拥护刘氏的左袒。"结果是"军中皆左袒"。由此可见,"袒"这种着装方式,曾经还是一种表达选择意愿的方式。

如果再将时间往前推移,可以发现,"左袒""右袒"不仅是一种表达选择意愿的方式,还是上古丧礼中的一种礼仪。《仪礼·士丧礼》:"主人出,南面,左袒。"《礼记·檀弓下》:"既封,左袒。"可见在上古丧礼中,穿衣"左袒"是一种礼法规矩。

楚系简帛　　　　　　说文小篆

值得注意的是,"袒"字在今天表达的意思,原本是用"但"来表达的。《说文解字》:"袒,衣缝解也。从衣、旦声。"可知"袒"本来的意思是"皮开肉绽"的"绽"。《说文解字》中并没有"绽"字,"袒"本是"绽"字——"但,裼也。从人旦声。""裼"是"袒露"之"袒"的同义词,可见在许慎老夫子眼里,"袒露"的"袒"是应该用"但"来表示的。事实可以证明,许慎的看法是正确的。

"袒"指的是露出上半身,而实际用字是"但"。战国及秦汉出土文献中,有不少用"但"来表示"袒"的。如"有但之深,而弔(吊)之浅"

（《上海博物馆藏战国楚竹书6·用曰》），其中"但之深"就是"袒之深"。"司射适次，但（袒）、决、述（遂），执弓，挟乘矢于弓外。"（《武威汉简·仪礼·泰射》）这里的袒、决、遂可以理解为一种古代射箭时的特定姿势或者动作。

"朋友皆在他国，但免，归则已。"（《武威汉简·仪礼·丧服》）"但免"是指一种丧服形式。这种丧服包括脱去上衣露出左臂（袒）、脱下帽子（免）并束起头发，以及用宽约一寸的布从颈下前部交于额上，然后向后绕至发髻，以此来表达对逝者的哀悼和尊重。

从造字表义的角度来看，脱衣露出人体，用从"人"得义的"但"来表示并没毛病。从"但"后世通行意义来看，"但求无过""但愿人长久"中"但"的"仅""只"之义，与"但"脱去外衣，仅剩内衣或肉体的初义似乎也有联系。当然，这个判断能否成立，还需要更多材料来证明。

祖胸的魏晋名士

"桑麻"别贵贱

在汉字的字符集中,"桑""麻"二字享有特殊待遇。

一般树木名称,如"松""柏""杨(楊)""柳"等统统是用形声方法造成的字,用一个"木"作义符来概括它们的共同类别,用"公""白""易""卯"等来表示读音。表义的"木"虽然是象形字,但只是概括地描摹树木枝、干、根之形,没有办法表现各种不同树木的个性。

只有"桑"是一个例外,它是用象形之法造的字,因而构形姿态个性十足。甲骨文中已经出现"桑"字,象桑叶茂密的桑树之形。

清代闵贞《采桑图》轴,
故宫博物院藏

清代《佩文斋耕织图》中的采桑画面

草本植物中也有类似的情况。一般的草本植物造字，就用"屮"（屮象草初生形）、"艸"（艸象两草初生形）来对应。而"麻"则是少有的例外。不过，关于"麻"的象形字，需要拐几个弯才能找到。"麻"字楷书写成"广"下一个"林"，其实这个"林"属于类化讹变，"麻"字小篆见右图。

《说文解字》解释"麻"："与林同。人所治，在屋下。从广，从林。""林"字小篆如下：

《说文解字》解释"林"："萉之总名也。林之为言微也，微纤为功。象形。""林"是由两个"朩"合成的，而"朩"才是"麻"的真正象形字，其小篆如下：

《说文解字》解释是："分枲茎皮也。从屮，八象枲之皮茎也。"译成白话，意思就是：分剥麻秆的皮，屮象麻秆，八象剥离的麻皮。

"桑""麻"为什么能在汉字构形系统中得到特殊待遇呢？我们可以从唐朝诗人孟浩然的诗句"把酒话桑麻"说起。诗句中的"桑麻"有字面意义和实际意义两重含义，前者指的是桑树和麻类植物，后者泛指农作物或农事。这对大多数读者来说已经是常识。

《礼记·礼运》中称，昔者先王"未有麻丝，衣其羽皮。后圣有作……治其麻丝，以为布帛"。这里的"麻丝"，其实就是孟浩然诗句中的"桑麻"，因为先有桑叶再有蚕丝，所以"丝"与"麻"可以互换。值得注意的是，文中明言"麻丝"为"羽皮"之后先人服饰的质料。羽皮成为先民服饰质料是由狩猎经济所决定的，而丝麻成为古人成衣之物是与农耕经济相联系的。正是因为"桑"与"麻"关乎农业时代人们的基本生存需求，所以它们在汉字构形系统中获得了特殊待遇。

"桑"本谓养蚕，"麻"本谓植麻，"桑麻"为什么可以径指农事？这与我们祖先农耕时代的井田制度有关。关于井田制，《孟子·滕文公上》有这样的描述："方里而井，井九百亩，其中为公田，八家皆私百亩，同养公田，公事毕，然后敢治私事，所以别野人也。"《春秋穀梁传·宣公十五年》记载大体相同："古者三百步为里，名曰井田。井田者，九百亩，公田居一。"这些记载可以让我们了解井田制的大概情况：古人把九百亩的方形田地称为"井"，一"井"的中间一百亩地为公田，公田周围的八百亩地平分给八家农户，八家农户共同负责耕作公田，公田上的农作完成后才耕作自家的私田。显然，这正是农业社会一般农户的基本生存方式。《孟子·梁惠王上》中进一步表述："五亩之宅，树之以桑，五十者可以衣帛矣。"可见井田制下的农耕并不是光刨地，百亩私田中划出五亩宅地，于宅旁植桑，目的则是为了"衣帛"。

在汉字构形系统中，"桑"除了整字以外，在甲骨文中还多作为"偏旁"出现，这表明"桑"这个字符在甲骨文构形系统中具有能产的地位。如"丧",从口、桑声：

由于重"桑",蚕也得到格外礼遇。"蚕"字本来是个形声字,繁体作"蠶",《说文解字》析其"从蚰朁声",而它又曾被改造成以"神虫"构形的会意字,如见东魏凝禅寺三级浮图碑：

到了颜真卿笔下,"蚕"又被写成上面两个"天"下面一个"虫"的构形：

而今天通行的"蚕"字,可以分析为"天""虫"两个字,这也是古人的书写创意,至晚在唐伯虎的笔下已经出现了：

中国自古以来有崇拜蚕桑之神的习俗。宋代刘恕《通鉴外纪》记载西陵氏之女嫘祖，为黄帝元妃，始教民养蚕，治丝茧以供衣服，后世祀为先蚕。《汉旧仪》记载祭祀蚕神要用中牢羊豕，蚕神为菀窳妇人、寓氏公主。有学者考证，菀窳妇人就是嫘祖，而寓氏公主为嫘祖之女。嫘祖又称"先蚕"或"蚕母"。中国历代皇后在每年蚕季都要象征性地率领官妇养蚕缫丝，作为天下妇女的表率。

"麻"字稍晚于"桑"字，最早见于西周金文：

 麻

"麻"的影响力稍逊于"桑"，这与两者在服装制作中的地位差异有关。

"丝"产生于"桑"，丝织品曰帛、曰罗、曰绮，这些皆为尊者、贵者、富者所穿。《礼记》称"七十非帛不暖"，古有尊老之风，而尊老之举则是"衣帛"。北宋张俞《蚕妇》诗曰："遍身罗绮者，不是养蚕人。"这里的"罗绮者"乃是富贵者的代名词。

麻织物曰布、曰褐，"布褐"为卑者、贱者、贫者所穿。宋代苏洵《上余青州书》曰："穷者，藜藿不饱，布褐不暖。""布衣"一语是庶民的代名词，如"布衣蔬食"常形容生活俭朴，"布衣百姓"指广大劳苦大众。

清代《佩文斋耕织图》之"择茧"

"褐衣""褐夫"皆是喻指卑贱者、贫困者的俗语。贫贱者得富贵,古人称为"释褐",如汉代扬雄《解嘲》:"夫上世之士,或解缚而相,或释褐而傅。"所谓"释褐",字面意思是脱去麻织衣服而换上丝绸衣服。

丝麻分工的阶级差异,是与其生产的难易程度及穿着中使用价值的高低联系在一起的。养蚕得丝与植枲得麻,前者所需投入的劳动量要远远超过后者的。而从产出来看,后者却要大大超过前者。就使用价值而言,在纺织工艺技术落后的古代,无论是外观质量还是穿着的舒适感,丝织品都要大大优于麻织物。总之,无论从哪方面说,丝贵而麻贱,都是顺乎自然的。由此来看,"桑""麻"虽然同类,在汉字系统中的地位存在高下差异,也是不难理解的。

"治丝"与"老总"

　　"一丝不苟"是常用成语，形容办事认真，最细微的地方也不马虎。追究其字面意义，"一丝不苟"和"一丝不挂"中的"丝"一样，指的都是"衣"。然而，中国人做事一丝不苟的精神，是如何从成衣之事生发出来的呢？

　　"丝"即"糸"，《说文解字》："糸，细丝也，象束丝之形。"这是较为粗略的说法。五代宋初徐锴解释说："一蚕所吐为忽，十忽为丝。糸，五忽也。"照这种说法，"糸"就是以五根蚕丝编束起来的丝线，而"丝"则是以十根蚕丝编束起来的丝线。在汉字构形中，"糸"一般就是笼统表示纺织物原料的丝线。而这个字符在古文字中，是一个需要治理的对象。

　　"乱（亂）"的古文字构形很多，《说文解字》小篆如下：

　　对于这个字的构形，许慎解释说："治也。从乙，乙，治之也；从啻。"许老夫子的训释用今天的大白话来说就是：乱的意思是"治"，用"乙"和"啻"两个偏旁会意。关于其中"乙"的意思，段玉裁解释为"谓诎者达之也"，也就是把弯曲的变直顺。"矞"的小篆字形如下：

《说文解字》另立字目，专门解说"矞"："治也。幺子相乱，受治之也。读若乱同。一曰理也。"这段话中"幺子相乱"的说法以今天的古文字认识来看是不对的，其他说辞则正确可信。把"矞"与"乱"的意义都说成"治也"，又说"矞"字"读若乱同"，可知"矞"其实就是"乱"字。至于它的构形分析，杨树达先生所说更为可信：矞中所从的 δ，就是古文字"糸"的省写，δ 中的 H，象用器收丝之形，上面的"爪"和下面的

丝织图

"又"组合成"受"，表示两只手理丝。丝容易乱，用理丝器收之则有条不紊，所以"爵"可以表示"治"和"理"。

　　"乱"在战国楚简文字中频繁出现，字形多在爵的基础上增加"昍"旁作矞。"昍"为四个口，《说文解字》释义为"众口"。嘴多则喧闹，因此增加的"昍"旁也表纷乱之义：

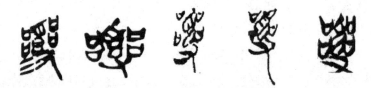

　　矞可以省去"爪""昍"甚至"又"，但是丝形是从来不会忽略的：

　　清代《说文解字》研究者徐灏对"乱"字构形的分析最为精辟："丝乱而以手治之，有乱义，亦有治义。就其体言，则乱也，就其用，则治也。"（《段注笺》）

　　西周金文中频繁出现另一个表示治理的字"嗣"，它一般会跟在"总（總）"后组合使用，两个字同义，都表示"统领管理"，而"管理""主管"的意义都是通过治丝来表达的。有时嗣也可以省去"司"旁，仅用

"鬲"形，更显治丝之义，如西周中期的"仲枏父鬲"：

　　值得注意的是，嗣实际上也就是后来"司令"的"司"，金文"司马""司徒""司空"中的"司"用的都是这个字，所以金文铭文的释文中通常会在嗣后括注"司"。

　　下面，我们再来看看"总"的繁体"總"。此字以前一般被隶写作飘，右旁"丮"的古文字构形为人伸出两手有所作为，可作为表义偏旁。而其左旁的金文原形怪异且多变，难以确定它的造字意图：

　　因此长期以来古文字学者对飘字的释读多有分歧，有释"攀""兼"等种种意见。不过，新材料的出现打破了这一僵局。2012年初，在山东沂水天上王城景区施工时新发现的春秋青铜器铭文中，古文字专家发现了这个字的一种新写法：

　　此字的右旁是"恖"（其原形作 🔥，心形的上部短竖，裘锡圭先生认为表示心有孔窍而指心的通彻），故整字可隶写作鰓。根据这个新出现的字形，李学勤先生认为："'鰓'字是一个双声符字，加'恖'旁是为了指明读音，'鰓'之左旁的读音与'恖'相同或相近，而'飘'以左旁得声，所以，金文中的'飘'字应读为'總'，'飘司'即'總司'，义为统领管理。"（《由沂水新出盂铭释金文"總"字》，《出土文献》第3辑，2012年）

　　这个字的新释具有汉字发展史的重要认识价值。原先，人们认为"總"字最早出现于战国楚简（清华简《周公之琴舞》）和秦简，现在可以把它提前到西周金文。《说文解字》解释"總"字本义为"聚束"，现在可以明

清代《佩文斋耕织图》中的"经"

确它最早的意义是"统领管理"。所以，今日用"老总（總）"来称呼军队长官或企业管理者，正是传承了这个字的初始意义。

至于飘的左旁，肖晓晖等学者认为是由商代文字中象"总（總）角"之形的字符变化而来的，这些字符如：

"总（總）角"指古代未成年人把头发扎成的左右两个髻，看上面这几个字符，是不是憨态十足？"總"与"悤"古音同，所以可以替换声旁，由飘变为鬷。

为什么后来"總"替换了飘、鬷呢？一方面，汉字构形发展过程中有精简化规律，以常用字符替代不常用字符；另一方面，用更合理的造字思维来以新换旧，即所谓"理据重构"也是重要原因。这就是说，战国秦汉时的造字者不能接受飘的字形，而在为其表示"统领管理"意义寻求一个新的字形结构理据时，最终选择用"糸"来替换"丮"。在这种替换的背后，古人整治"糸"这种成衣原料，即"治丝"的意识，无疑发挥了重要作用。

丝绸之国与"念兹在兹"

　　2024新年将临之际，网上出现不少跨年文案，其中有"念兹在兹，朝斯夕斯。辞暮尔尔，烟火年年"一句。此文案的解读，网上有答案，我们就不赘言了，这里只想说说开头四个字：念兹在兹。

　　此语出自《尚书·大禹谟》："帝念哉！念兹在兹，释兹在兹，名言兹在兹，允出兹在兹，惟帝念功。"在现代汉语中，"念兹在兹"是作为一个成语活跃在语言交际中的，其中的"兹"是个近指代词，意义等同于"此""这"。成语中的"兹"即指眼前的事物或情况，整个成语强调的是对某个人的深切思念和对某个事物的持续关注。显然，如果需要再进一步地解读，我们就必须关注这个"兹"，它怎么会成为一个眼前事物的指代者。

　　有必要观察一下"兹"的古文字构形，它最早的字形如下：

　　它的出现频率很高，比如在甲骨文中，字频达到2100多次。关于这个字，有人认为是《说文解字》的"兹"或"兹"。

"兹"字,《说文解字》归在"玄"部,释字为:"黑也。从二玄。"小篆如下:

"兹"字,《说文解字》归在"艸"部,释字为:"艸木多益。从艸,兹省声。"小篆如下:

"兹"和"兹"由于字形相近,在文献实际用字中彼此相混,都可以表示近指代词的"兹"。正因为如此,一般古文字工具书,往往将蚕丝之"丝(絲)"对应如下字形:

与近指代词之"兹"的字形相区别。

然而,根据目前权威的学术认识,这样处理并不准确。在西周金文中, 𢆶 、 𢆉 两者往往彼此不分。混用的原因在于,指代词之"兹"本来就是借"丝"的字形而来的，所以两者原初并没有严格的界限。据研究，西周早期金文有7个"丝"，3个用 ，4个用 ；西周中期金文有41个"兹"，6个用 ，35个用 ；到西周晚期金文，"兹"才不用 只用 。（参见田炜《西周金文字词研究》，上海古籍出版社2016 年版，第175页）

殷商甲骨文"兹"的 形，裘锡圭先生认为"本是 的省写"（《释"木月""林月"》），所说完全正确。甲骨文"兹"还可以用 来表示，而 则是"糸"。

归纳前文所述，指示代词的"兹"，在古文字里本来是用"丝"甚至"糸"来表示的。追究两者发生关联的原因，我们似乎可以想到这样几

汉代画像砖上的纺织劳动场面

将蚕茧浸在热水中抽出蚕丝的工艺称作"缫"

种可能：第一是"兹"和"丝"读音相近，所以可以借后者表前者。第二是在闲来"话桑麻"的生活状态中，"丝"正是眼前多见之物，故借以表达一般眼前之物。第三，也是更大的一种可能，或许是前面所说两种可能性的综合，也就是"丝"既是眼前多见之物，又和"兹"有读音上的相似性，所以人们把它泛化为一般眼前之物的代称。确定无疑的是：在汉字系统需要出现"兹"这个近指代词时，"丝"已是字符集中极有影响力的字符，所以它才有机会被用来表达"兹"。

我们在前文中曾讨论过，在一些表示"统领管理"的文字中，相关动作涉及的对象多是"丝"。而表示其他行为动作，相关的造字也都会与"丝"的处理有关。比如表示把东西切开的字有"割""绝""断"，而这些字的古文字构形都是以"刀"来截断"糸"或"丝"。如甲骨文"割"，字形为以"刀"断"糸"：

　　"绝"，战国金文中山王铜方壶铭文作：

　　与《说文解字》"绝"的古文  同，象以刀绝二丝。

　　再比如表示将东西毁坏，古文字用"敝"来表示，各种字形都呈现以攴（手执器物）击巾而敝之的造字意图：

甲骨文　　　　　甲骨文

58

秦简

小篆

"巾"是"丝"之物,衣装所属,在"敝"字中的"巾"多数有小点,正表示被击打毁坏。"敝"在文献中并不专指"巾"之毁坏,造字者想到的却是以支击巾,与用"丝"表"兹"本质上没有什么不同。

"幅",从"巾""畐"声,本指布帛的宽度,泛指一般宽度。于是,物体振动、摇摆所展开的宽度便被叫作"幅度"。而"幅员"之"幅"则指国土的宽度。

此类泛化与"衣服"有关概念的例子还有很多,比如:在表示时间的概念上,"衣""刀"会意裁衣的"初",制作成衣完成的"卒";在表达空间概念时,造字意图为衣的外面的"表"和衣的里面的"里(裡)"等。

总之,上述种种情况,都可以证明制衣之事确实在人们生活中具有非同寻常的重要性,进而对汉字构形系统发生了重要影响。当然,我们还可以把这种历史事实与中华文明和文化的某种特色联系起来相互印证。

在旧石器时代山顶洞人的考古遗址中发现了骨针,为已知针织最早的起源。在新石器时代遗址中的发现，证明了纺轮的发明，使得治丝更加便捷。西周出现了原始的纺织器具：纺车、缲车。汉朝时则有提花机的发明。

新石器时代的纺轮

丝绸是中国的特产，中华民族能够大规模生产丝绸制品，开启了世界历史上第一次东西方大规模的商贸交流。从西汉起，中国的丝绸不断大批地运往国外，成为世界闻名的产品。那时从中国到西方去的大路，被欧洲人称为"丝绸之路"，中国也被称为"丝国"。联系我们以上讨论的几个汉字来看，这一切都与我们祖先对"丝"的关注有关。

北宋王居正《纺车图》

冠的尺寸

　　网上有这样一个短视频：一个妈妈抱着孩子去朋友家玩，朋友送了孩子一项自家小孩已经戴不上的帽子。事后，年轻的妈妈遭到婆婆一顿数落：怎么能让孩子戴别人的帽子？

　　这件事反映出传统习俗中的一个禁忌：戴别人的帽子不吉利。我们很少看到有把帽子当礼物送人的。这是封建迷信吗？似乎并不尽然。

　　有一个成语叫"张冠李戴"，一般用来比喻弄错了对象。但是仔细推敲，不难发现成语的背后还存在这样一种想法：张某、李某都只应戴自己的冠，不能戴错。

　　我们来看"冠"字。关于"冠"的解释，《说文解字》是这样说的："絭也。所以絭发，弁冕之总名也。从冖，从元，元亦声。冠有法制，从寸。"说解中的"絭"是卷束的意思，古人戴冠的同时用它卷束住头发。"冠"是帽类的概括总称。"冖"表示覆盖，"元"的本义是人的头，"冠"是个从"冖"从"元"的会意字。由于古时"元"与"冠"读音相近，所以"元亦声"。本来，"冠"字的构成到此也就可以了，但是"冠"字里偏偏要再加上一个"寸"。这个"寸"是什么意思？"冠"的尺寸大小吗？并不是。因为许慎明确交代了"冠"从"寸"的原因："冠有法制。"

冠

　　小篆后的汉字构形系统中，"寸"可以表示法度。"寸"本是一个长度单位，为何能够表示"法度"？回答这个问题之前，我们需要回看一下"寸"字的前世今生。

　　"寸"的出现时间并不很早。根据目前我们掌握的文字资料，在先秦时代，"寸"字并没有在文献用字中现身。可以确定的"寸"字见于睡虎地秦简，《秦律杂抄》有"八寸"的辞例，"寸"在其中明确表示一种长度单位。

　　在此之前，先秦文字中出现过一些看似是"寸"的字或者偏旁，如：

　　这种很像"寸"的字，实际是"又"字，只不过是在"又"字形下方加饰笔，于是与"寸"字同形，但并非同字。另外，甲骨文有、字，字形

也是在"又"下加短画,貌似是"寸",但实际是在手肘部位加一指示符号,乃是"肘"字。到了秦汉时期,"肘"字出现了,因为它与"寸"字形近,故加"肉"为义符,以示区别。值得注意的是,在"寸"字还没有出现前,"寸"的意思是用"尊"字来表示的。如战国商鞅方升铭文中有"冬十二月乙酉,大良造鞅爰积十六尊五分尊壹为升",意思是说方升的容积是十六又五分之一立方寸,"尊"表示的就是"寸"。

战国商鞅方升

"寸"本是一个长度单位,许慎解说"寸"字曰:"十分也。人手却一寸动脉,谓之寸口。""十分"就是一寸,这是解释"寸"的字义。手腕后一寸的部位即中医把脉之处,叫作"寸口",这是解释"寸"字的构形,也就是用具体的"寸口"距离手腕的长度,来表示"寸"这个抽象的长度单位。

然而,"寸"在充当表义偏旁时,《说文解字》的解释是"法度也"。"冠"字以外,再举几个例子。

"寺"，《说文解字》曰："廷也。有法度者也。从寸，之声。"所谓"廷"，是指官府理事的公堂，当然是"有法度"的处所。

"守"，《说文解字》曰："守官也。从宀，从寸。寺府之事者。从寸。寸，法度也。"所谓"守官"之"守"，就是官吏的职守。"寺府之事"就是衙门的职事，这自然需要坚守法度。而小篆"守"字构形对此的表达，就体现于"寸"这个偏旁。

古代衙门

"封"，《说文解字》曰："爵诸矦（同侯）之土也。从之从土从寸，守其制度也。公侯，百里；伯，七十里；子男，五十里。"这里说的是分封诸侯土地，要"守其制度"。"从之（义为去往）从土"，是诸侯去往封邑之土地的字形表达，段玉裁《说文解字注》在"守其制度"句下曰："此说'从寸'之意，凡法度曰寸。"

"辱"，《说文解字》曰："耻也。从寸在辰下。失耕时，于封畺（同疆）上戮之也。辰者，农之时也。故房星为辰，田候也。"所谓"从寸在辰下"，指的是有没有误农时，要按法度赏罚；"失耕时，于封畺上戮之也"，指的是若有人误农时，就在封土上羞辱他。段玉裁《说文解字注》在"从寸"下注曰："寸，法度也。"

　　值得注意的是，《说文解字》以上释字，都是基于小篆构形，并不符合古文字字源：

　　"寺"，金文作𡊄，从又之声，有学者认为它本是"持"字的初文。

　　"守"，金文作𡧛，从宀从又，会守护屋室之意。

　　"封"，金文作𡊄，从又从土从丰，会手植树木以为地界之意。

　　"辱"，郭店楚简《老子》作𧃟，从辰从又，会手持蚌蛤农作之意。

　　那么，是不是《说文解字》的释字都是错的，不足以支撑我们的讨论呢？答案是否定的。理由首先是，《说文解字》的释字，有着汉字构形演变发展实际状况的依据。所有这些字，秦汉以后都"从寸"而不再"从又"，如果今天我们写这些字再把"寸"改成"又"，无疑是荒谬的。其次，"理据重构"是汉字构形发展中常见的现象，以上诸字由"从又"到"从寸"的演变正是典型的"理据重构"。这种"理据重构"并不是个别现象，而是系统发生的，这充分证明这种演变是符合汉字构形演变逻辑的。基于以上理由，可以认为，就汉字发展史的真实演变轨迹来分析，特别是从文化研究的角度来看，《说文解字》的释字非但不是谬误，反而是具有特殊认识价值的。

　　"冠"字为什么会以"寸"来表示"法度"呢？这是因为在古代社会，帽子总与种种礼法规则发生联系。

　　古人有"冠礼"。《礼记·曲礼上》："男子二十冠而字。"这就是说，古时男子到二十岁才举行加冠的仪式，冠礼实为古代男子成年之礼。任何民族的成年礼，都是极其重要的。

礼法的核心，在于确立、维护阶级等级制度。作为礼法的象征物——冠的佩戴，自然要严格遵循这一制度。《释名·释首饰》说："二十成人，士冠，庶人巾。""士人"指的是贵族，"庶人"指的是百姓。显然，冠唯有贵族才可戴在脑瓜顶上，而与普通百姓无缘。百姓既然以巾为冠，在他们的心目中，巾也便是冠了。"冠"字又有一个俗体以"巾"表义，以"官"表音，显然就是基于平民百姓的这种观念而行世的。

巾官
集韵

然而，贵族头上的冠，也因其尊贵程度不等而各有差别。《周礼·弁师》中记载，从君王到大夫，随着爵位、官职的由高到低，帽子（弁、冕）上的丝带（缫、纮）、玉饰（璂）和彩饰也渐次递减，从而形成形制上的差异。

古代的各种冠

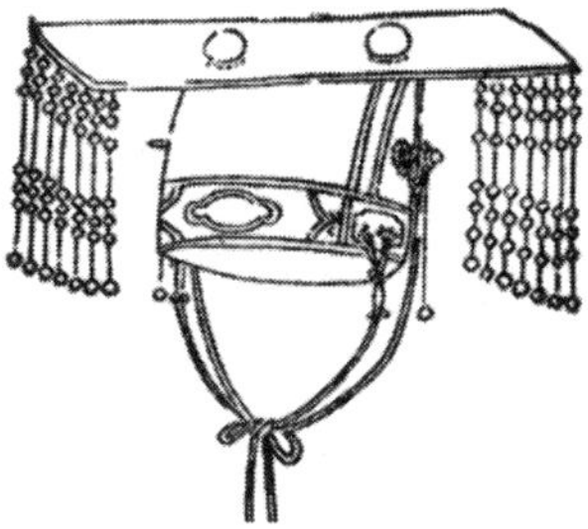

古代的冕

冠既用来标志人的尊卑地位，戴的冠当然也就只能选择与自己身份相符的，如果违反了礼规，便是僭越，甚至不免杀身之祸。《左传·僖公二十四年》记载郑文公之子子臧因戴鹬冠而遭杀身之祸。鹬是一种水鸟。鹬冠以鹬羽为饰，是古代知天文者戴的，子臧戴鹬冠违反了礼制。

冠对于人们的约束，还可见诸冠上之物。古人的冠冕上有瑱，瑱有何种功用呢？"瑱"字的异体"䵶"，以"真""耳"两个偏旁构成。上古"真""填"同音，所以此字中"真"为"填"的省形，其构形意义当为"填耳"。"填耳"即"充耳"，而"充耳"是"瑱"的别名，《毛传》曰："充耳谓之瑱。"瑱虽被称为"充耳"，又以"填耳"为构字理据，实际上并不真正塞进耳朵，只不过是系于冠上、悬于耳旁而已，其真正作用是"悬当耳旁，不欲使人妄听, 自镇重也", 也就是提醒人们非礼勿听。与瑱相类, 冠冕之上又有"旒"。"旒"与"留"同音, 它从冠上垂下, 正好在人眼前晃动, 意在提醒人们留目, 即非礼勿视。当然, "瑱旒"之类只是冠冕上的配件, 它们对人行为举止的制约作用, 是由冠的礼制规范功用派生的。而冠对人言行的制约在实际生活中几乎是无时不有、无处不在的。

古人凡遇比较重要的场合, 都必须戴冠, 否则就是违礼。据《汉书》记载, 汉武帝接见臣属有时不拘戴冠之礼, 但碰到耿直而敢于进谏的主爵都尉汲黯却不敢随随便便。有一次, 武帝又没有戴冠接见臣下, 恰逢汲黯入宫奏事, 武帝便急忙避入帐中不敢见他。可见冠的这种制约作用

汉武帝时期诤臣汲黯

即便对于帝王也是有效的。冠之所以每逢重要场合而不可免，自然是因为在这种场合特别需要正名分、别次序，充分施展冠的礼法制约功用。而现代"冠冕堂皇"一语中"冠冕"的"庄严正大"之义或许就是由此发端的。

另外，戴什么样的冠还因场合不同而各有定规。如"兵事"戴韦弁，"视朝"戴皮弁，祭祀戴爵弁之类。（详参《周礼·司服》）冠因不同场合而各有所宜，原本当是以特定的冠来节制人们在特定场合的特定行为。而这种做法形成惯制，又成为一种带有强制性质的法规。《左传·襄公十四年》记载，卫献公召臣属孙文子、宁惠子来吃饭，两人穿戴整齐应召前来，卫献公却迟迟不见他们，而跑到园囿里去射大雁。孙、宁两人去找献公，献公没有按照应有的礼节摘去田猎的皮冠就同他们说起话来，结果引起两人大怒。可见即便贵为人主，也是不应违反这种戴冠法规的。

综上所说，可知古人关于冠的礼法制度有着相当复杂的内容：戴不戴冠以及戴什么样的冠，与人的年岁、身份，以及所着服装和所处场合都有着相当密切的联系。这在直观上表现为人们戴冠所须遵守的种种法规，而深层的含义则是以冠作为礼制的象征，时时处处来节制人们的言行举止。而这些法规礼制，就是"冠"字中的"寸"这个字符的内涵。而当今不戴别人帽子的习俗，应当也是这种法规礼制余绪之一缕。

消失的尾饰

　　"身穿'燕尾服'的青铜大立人是谁？"
这是2020年三星堆考古发现新闻报道中的一
句话。这个重见天日的三星堆大立人，展示了
远古时代人类服装中的一种尾饰样式。

　　说起当今的燕尾服，我们熟知它是男士
西式礼服，一般在正式场合穿着。然而研究
表明，它在发明之初并不是礼服，而是18世纪
英国骑兵为了方便骑马而改造的上衣样式。
没想到这种服装看起来美观大方，很快传遍
全英国成为一种时尚。到了18世纪晚期，燕尾
服已经风靡欧美大部分国家。

　　显然，西式燕尾服相比三星堆大立人穿
着的"燕尾"晚了三四千年。由于没有文字材
料相伴出土，人们对三星堆"燕尾服"还难以
进行深入探究，但是汉字中的"尾"却会因此
重获关注。

三星堆大立人

甲骨文有"尾"字：

甲骨文

　　这个字的构形不免令今人费解，它描摹的是，一个人长了一条毛茸茸的大尾巴。古人造字，多取象于身边所习见。但是除非极其偶然的返祖现象，人是不会长出一条尾巴来的。这个字的甲骨文刻辞是一条残辞，所以我们也不能从辞例中寻求答案。那么，这个字会不会并不是"尾"字呢？从古文字构形演变的序列来看，这个字的确是"尾"字。

　　西周金文乃至战国楚简文字中，都有结构相同的字。这些字都是确定无疑的"尾"字。可以确定，在甲骨文"尾"字的形象中，侧视人形臀后那条毛茸茸的东西，不是人体的一部分，而只是一种服饰。

战国楚简　　　　小篆

然而，为什么要用人穿戴尾饰的形象来造"尾"字呢？我们可以作这样的设想：如果仅仅描画一条孤零零的尾巴，作为具有相当抽象性质的文字符号，是很容易被看成一段绳索或麦穗之类与尾巴形象相似的东西的。而如果画上一头长尾巴的野兽，则野兽都有尾巴，又很难突出"尾"这一点。于是，我们的祖先便出此妙计：以一身着尾饰的人的形象来表示此字形。人既无尾，身着尾饰，自然也就突出了"尾"。当然，在古人造"尾"字之时，尾饰定是一种为人们所熟悉的服饰样式，否则，"尾"的造字灵感便无由萌生，而"尾"字人着尾饰的构形也很难被接受。

　　关于尾饰的存在，不乏文献记载。成书于东汉的《说文解字》"尾"字下有这样的解说：上古时代人们就有穿着尾饰的习俗，而东汉当时的"西南夷"依然还有尾饰。什么是"西南夷"呢？其实就是我国西南地区少数民族，大致在云南中部哀牢山附近。《后汉书·西南夷列传》记载西南地区哀牢夷"皆刻画其身，象龙文，衣皆着尾"的风俗。

　　汉代人记忆中的"古人"之饰，在青海省大通县上孙家寨古代墓葬遗址出土的舞蹈纹陶盆上得到了直观展示。陶盆上的人物形象，被认为是一种"经过精细加工和组合的一种步伐规范的体操式的舞蹈"（宋兆麟等著《中国原始社会史》，文物出版社1983年版，第424页），而舞者服装的显著特点便是具有尾饰。新石器时代先民的这种服饰习尚，为我们

准确认识甲骨文 "尾" 字的取象无疑提供了可靠材料。

尾既可为饰,足见它在先民的心目中是具有审美价值的,所以 "尾" 字在上古曾有 "美" 义也就不足为奇了。但是这种美感缘何而来呢? 换句话说,我们的祖先怎么会将动物才有的尾巴当作自己的装饰物呢?

普列汉诺夫在《论艺术》中曾对原始装饰物有过一段精辟的论述:"那些被原始民族用来作装饰品的东西,最初被认为是有用的,或者是一种表明这些装饰品的所有者拥有一些对于部落有益的品质的标记,而只是后来才开始显得是美丽的。使用价值是先于审美价值的。"这一论述,可以帮助我们追溯 "尾" 的审美价值起源。

舞蹈纹陶盆上舞者的尾饰

法国三友洞中的岩画

法国三友洞里的岩画被称为旧石器时代"可怕的杰作"，其中的"鹿角巫师"岩画表现了尾饰的最初意义。尽管这幅岩画原先行世的摹本与最近摄影的形象颇有距离，并引起学术界的争论，但以下两点却毫无疑问是可以成立的：第一，"鹿角巫师"乃是人形兽装，而其最显著的特征是巫师屁股后面拖着一条尾巴。第二，在画面中，巫师处于居高临下的位置，而其下方一群混乱的动物则处于巫师的统辖之中，也就是说，巫师乃是主宰狩猎活动的神灵（参见朱狄《原始文化研究》，生活·读书·新知三联书店1988年版，第292—293页）。由此我们似可领悟：人们给自己装上尾巴，最初似乎是同狩猎发生联系的。"狩猎者开始佩戴面具时，可能有一种实用目的，例如可以接近猎物而提高狩猎命中率。……在这种实用的目的后面，也许还隐藏着另一个目的，那就是为了避免猎物的报复，把自己伪装成猎物，可以使死去猎物的灵魂认不出自己而无法报复。"（同上书第95页）这里虽然说的是"面具"，但尾饰也同样适用。

《水浒传》描写武松打虎，有这样一个情节：武松打死那只"吊睛白额大虫"后筋疲力尽，在下山的路上突然又见四条猛虎蹿出来拦住去路。正在武松绝望之际，老虎们站了起来，原来是受官府指派猎杀老虎的猎户，他们披着虎皮是为了提升打猎效率。

据此，我们不难获得这样的认识：由狩猎的功利需要，到狩猎者对自己勇敢善猎的自我炫耀，再由一种特定的优良品质的标记，演化为一种一般装饰物，这便是尾饰的发生、形成过程。

尽管"尾"字毫无疑问展示了甲骨文造字时代的尾饰习俗，但在今日汉民族中已经完全不见其踪迹。实际上，在今人看来，尾巴非但不美，而且总与某种丑恶的事物相联系。在现代汉语里，"夹着尾巴做人"，指人努力克服或隐藏自己的某种劣性。"踩了某某的尾巴"，意为揭了某人的短处。"割尾巴"，比喻忍痛割舍自己长期养成的坏思想、坏习惯。显然，现代"尾巴"的文化意义与其在甲骨文造字时代的文化蕴涵相矛盾。这种矛盾是如何发生的呢？答案或许可求之于下面这个甲骨文字：

甲骨文合集17961

关于这个字的释读，学界尚有不同看法，有的学者释作"粪"（这个"粪"是"粪扫"的意思），有的学者释作"仆"。这两种释读都不妨碍我们对此字形中"尾"的性质的理解。字形的右边是一个人的形象，此人头上插"辛"。"辛"为古代刑刀的形象，上古时代统治者常常将刑余之人充作奴仆，所以"辛"作为一个汉字符号可与奴仆相联系。字形的左边，则是这个头上插"辛"之人手中所持的一个畚箕，畚箕上边的几点为尘埃垃圾，表示此人所执乃粪扫之役，而这种低贱的劳动正是奴仆的职责所在。很明显，字形右下方所描绘的人臀后的那条尾巴，也同刑刀和畚箕一样，是作为奴仆的一种身份标志而出现的。

　　西周金文中的"仆"，有这样一种字形：

　　此字大致保持了 🀆 的构形成分，除了畚箕之形不够清晰外，人形中"辛"和"尾"的描摹都很明确。其意义完全是 🀆 的传承。关于尾饰的这种性质，又可见诸"逮"字。

"逮"本来写作"隶"（与今日"隶属"之"隶"音、义都不相同），古文字作：

金文　　　　　　　楚简

按《说文解字》的解释，ᨺ 的上面是"又"，也就是手，而手所持握的 ᨺ 是"尾"字的省写。手，具有逮（捕捉）的功能，尾，为奴隶的专用服饰，故可代表"逮"的主要对象——奴隶。在甲骨卜辞中，抓捕逃逸奴隶的记载很多，这可以为"逮"的造字意图作一个注脚。显然，在这些文字里，尾饰也是同奴隶的身份相联系的。

毫无疑问，尾饰作为奴隶的专饰，只能成为屈辱的象征，而决不会令人有美的感受。说到这里，人们不免会产生这样的疑惑：为什么同是甲骨文字，"尾"和"ᨺ"中尾饰文化的意义竟如此悬殊呢？

汉字发展到甲骨文阶段，已经相当成熟。在此之前，汉字当然曾有一个相当漫长的发展演进过程。所以甲骨文中的各个单字，自然可以是不同时代层次的产物。因此，"尾"与"仆"字中的尾饰具有文化意义的差别是不足为奇的。

如果我们联系 🐾 字的意义作进一步思考，便会发现尾饰的审美价值在"仆"字中的消失，不但合乎情理，而且是必然的。奴仆作为一个身份概念，只能是在社会发展到奴隶社会阶段才会出现，而维系奴隶制度的经济基础，是充分发展的农业、畜牧业及手工业，而不是狩猎。我们在前文已经说过，尾饰的审美价值发轫于原始狩猎经济，而当狩猎作为一种生产方式为农耕、畜牧所取代，人们看待尾饰的观念也不免会发生变化。让我们合理推测一下：由于狩猎逐步被淡忘，人们渐渐无法理解在自己身上系一条尾巴，把自己弄成野兽模样的做法，以致终于生出厌恶之心，不再将其作为一种美化形象的饰物了。

　　当人造尾巴在中原华夏族中已失去往昔的美感及其在服饰习俗中的地位时，尾饰在中原以外的少数民族（诸如"西南夷"）中依然流行不衰。尾饰作为一种夷的象征，演化为一种奴隶专用服饰，降格为一种卑贱的标志，也是不难理解的。

　　由此可见，"尾"字与"仆"字所透示的信息貌似迥异，实则并不矛盾，它们相互补充，较为完整地展示了中华尾饰文化发生和演变的轨迹。

围裙是如何"咸鱼翻身"的

近年来，结婚仪式中流行一种全新的礼仪环节：送围裙。新娘送给新郎一条围裙，意思是让新郎以后多干家务活；也可以是新郎送新娘围裙让她给自己系上，表示他以后饭要做衣服要洗，所有的家务全部包。于是，"结婚围裙"作为一种新兴商品在市场上热卖了起来。

老妈子干家务时的穿戴居然变身为结婚仪式中的赠礼，其中道理大家都懂。然而，围裙在历史上的咸鱼翻身，知道的人或许不多，值得翻出来说一说。

在上古服饰品类中，最具尊贵地位和重要性质的一个品种可推为"市"。它是帝王或贵族专饰，又多用于古代社会两个最重要的场合——祭祀和朝见。

若就"市"字及与"市"有关的一组汉字作一番探究，我们便可发现：市这种最尊贵者穿着于最重要场合的服饰，原本竟是蒙昧时代初民的遮羞布。

"市"最早见于金文，见右图。

据考释，市乃是一方系有绳带的巾帕的

形象描摹。古书中描述它的大小尺寸为："下广（宽）二尺，上广一尺，长三尺。"（《礼记·玉藻》）古人的"尺"比今日市尺稍短，可知"市"的大小与形状正与今日的围裙相类。而市的穿着也与围裙无异，不过是系于腰间而垂至膝部，所以"市"又被称为"蔽膝"。

"蔽膝"的文字表达不光有"市"，还有"韨"，又有"韍""鞸""韐"，以及"鞸"的异体"韠"，以上诸字多以"韦""革"表义，而"韦"就是皮革之类，所谓"有毛则曰皮，去毛熟治则曰韦"（《仪礼·聘礼》贾公彦疏）。可见，市之为饰，又是一种皮革制品。

以皮革为质料，又显示了它的悠久渊源。《墨子·辞过》中这样描述："古之民未知为衣服时，衣皮带茭。"而"未知为衣服"的初民所衣之皮，实际上就是市的前身。《说文解字》在"市"字下做了这样的说解：

顾恺之《洛神赋图》所绘蔽膝

"上古衣蔽前而已，巿以象之。"段玉裁注引郑玄注《礼》曰："古者佃渔而食之，衣其皮，先知蔽前，后知蔽后。后王易之以布帛，而独存其蔽前者，不忘本也。"可见，在汉代人的记忆里，初民最早的服饰，便是这块蔽前的巿。而巿之所以被主要用于祭祀先祖的场合，显然也是同它这种先祖之服的性质相联系的：后人穿着先祖之服祭祖，自然是取悦先祖的重要手段。

明代唐寅《吹箫仕女图》
中的蔽膝

　　以今人眼光来看，穿衣首先是为了防寒保暖。而"蔽前不蔽后"的巿则显然是起不到这种作用的。那么，巿最早在初民的生活中究竟充作何用呢? 从字形看，"巿"是一方有系带的巾帕，因而具有遮蔽某一特定部位的功用; 从词语来源上看，"巿"与"蔽"的关系又不同寻常，"巿""蔽"古音极近（声近韵同），显然同出一源。《说文解字》段玉裁注："韠"和"袚"都是从"蔽"这个词那儿获取语音的。这也就是说，先民在为"巿"这种服饰品类命名时，因其主要用于遮蔽，所以才赋予其近似于"蔽"的语音。由此我们不难发现，巿的最初功用在于遮蔽。

　　巿系于腰间垂至膝部，遮蔽的部位不言自明，正是生殖器。汉先民自古即称性器为"阴器"，而"阴"字本义为"山之北坡与水之南面"，即日

妇好墓出土圆雕石人像

光被遮蔽而不及之处。显然，人的性器以"阴"为名，也同样是取其遮蔽之义。为什么人体之中，独独性器以"阴"为名呢？这自然是因为此处乃初民首先知晓应遮蔽的所在，故径以"阴"为此处之名。这种情况，在现存的原始部落社会中还可见到，处于原始状态的人群，往往尚不知衣服为何物，却已知以树叶草带将性器遮住。

　　原始时代的遮羞布何以竟能历经百世而不被人们遗忘，反而演化成礼制时代最具尊贵地位和重要性质的服饰种类呢？要弄清这一点，需要探究一下原始初民遮羞布的功用。

　　初民为何要用遮羞布来遮蔽性器官？今人最容易想到的恐怕便是

"遮羞"这个理由了。然而，人类学研究表明，远古人类是并不以性器裸露为耻的，相反，性器官还往往成了人们顶礼膜拜的对象。而且，这块"蔽前不蔽后"的"围裙"，也很难真正起到遮羞的作用。那么，到底是什么原因导致了"市"的产生呢？关于初民使用遮羞布的初衷，根据目前的研究，最有影响的观点为以下两种：

一是吸引异性。美国人类学家约瑟夫·布雷多克在《婚床》一书中有这样的论述：在一个人人不事穿戴的国度里，裸体必定清白而又自然。不过，当某个人不论是男是女，开始身挂一条鲜艳的垂穗，几根绚丽的羽毛，一串闪耀的珠玑，一束青青的树叶，一片洁白的棉布，或一只耀眼的贝壳，自然会引起旁人的注意。而这微不足道的遮掩竟是最富威力的性刺激物。

二是保护生殖器。德国文化史专家施赖贝尔在他的《羞耻心的文化史》一书中说，人类由以四肢爬行变成直立行走以后，"这件大事附带着引致了这样一个事实：原来处于既便于达到目的又安全的位置的生殖器从身体的末端移到了中部。……这样耷拉在前边行走，即使只是通过森林的杂草丛，或随后悄悄接近野鲁，也会时时面临着受重伤的危险。在保护这个敏感部位上起作用的就是最初的男人的缠腰布。但它并不是用来避开他人视线，而是用来挡住小树枝、尖刺或攻来的动物的犄角的"。

对遮羞布功用的这两种解释，孰是孰非，我们姑且不论，但两者在这一点上无疑是共同的：遮羞布与初民的生殖活动具有密切的关系，具有促进或维护人类自身生产的功用。人类学研究早已证明：在原始初民社会，人类对自身生产的重视决不亚于对生活资料生产的关注，所以对物种繁衍的渴求，对生殖现象的崇拜，乃是极其普遍的先民意识。

　　由此可知，与今日"围裙"从老妈子特征衣装到婚仪赠礼的地位反转一样，蔽膝这种上古的"围裙"，最初所起的虽然只是满足生活必需的质朴作用，但这种作用却有着维系人类生存发展的重要意义。因此，蔽

洛阳出土的西周拱手玉人，现藏于
中国国家博物馆

膝就从形如围裙的短衣，渐渐地发展为商周时期最重要的服饰种类，形状上也变得上窄下宽而呈斧形。

"斧"的古文字正是王权和礼法的象形，比如"王"的甲骨文、金文字形，正是描摹斧钺的形象：

甲骨文   金文

蔽膝发展到汉代之后，有了更为严格繁琐的礼服制度规定，在祭祀、典礼等重大活动中起着重要作用，一直到清王朝建立满族服饰制度后，这种古代的"围裙"才在礼仪舞台上消失了踪影。

袜的变迁

　　在人类的衣装系统中，袜子无疑是一个重要品种，古人把它叫作"足衣"（《说文解字》）或"脚衣"（《玉篇》）。作为脚丫子的衣服，袜子是怎么来的呢？"袜"字的历史形体可以告诉我们一些有趣的旧闻。

　　"袜"字在古代有很多种写法，比如"韤""鞈""襪""韈""靺""帓"等。《说文解字》所收的"韤"字是最早的，本来的形体是小篆：

　　《说文解字》对其字形解释是"从韦蔑声"。"韤（袜）"为什么能用"韦（韋的简体）""蔑"来构形呢？回答这个问题，有必要从"袜"的繁体"襪"说起。"韤""襪"中都有"蔑"，"蔑"是表音声符。"襪"中另一个偏旁"衣"表示"足衣也"之义无疑是合理的，然而，"韤"的表义偏旁却是"韦"，这是为什么呢？我们有必要看看它究竟是何来历。

　　"韦"这个字出现得很早，最初始的构形见于殷商金文，是一个族名文字：

　　字形中间的字符是"丁"，"丁"字之形描摹城墙围起来的城，本是"城"字的初文。城之周围有四个足迹，象四周环卫之形。这个字形至少表达了三种意思：一是保卫之"卫（衞）"，二是包围之"围"，三是作为守卫者的人。因此，🔲是"卫""围""韦"三个字的共同源头。后来为了文字表义更加精确，分别用"卫"字表示保卫，用"围"字表示包围，用"韦"字表示一种族姓人群。

　　那么，表示族姓的"韦（🔲）"又是怎么与"衣"发生纠葛的呢？按照《说文解字》的解说，是因为古人用熟皮来缠束、矫正弯曲相违之物，于是就把具有围束特性的熟皮称为"韦"。

　　还有这样一种说法：韦姓这一族在少康复国后被封于豕韦，因善于养猪，并用猪皮制作大鼓，被称为豕韦国，于是"韦"也有了"皮"的意义。

　　不过，"韦"是经过加工的熟皮，相对于一般的兽皮更加柔软，"柔韧"的"韧"即用"韦"来作义符。因为柔软而有韧性，"韦"在古人生活中可以发挥一些特殊作用。

有个成语叫"韦编三绝"，典出孔子的故事。孔子晚年常读《周易》，经常翻阅导致穿连竹简的皮条都断了数次。可见在纸张发明之前，韦是制作竹简书册的必用之物。

还有个成语叫"韬光养晦"，意思是隐藏才能，不使外露。"韬"字本来指剑套或弓袋，用"韦"作义符，自然是因为剑套、弓袋是用韦作为制作材料的。"韬"的用途就是藏剑或弓，因此引申出隐藏义，而这正是"韬光养晦"中"韬"的意义。当然，韦能用来做剑套、弓袋这类很精巧的物件，也是因为皮具有高度的柔韧性。

因为坚韧、柔软，韦也特别适合做一种耐磨的服饰。古代有一种遮蔽在身前的皮制服饰，叫作"蔽膝"。"蔽膝"具体种类有"韠""袚（韍）""韐"等字来表达，它们的共同义符"韦（韋）"表明蔽膝最初也是用熟皮制作的，原始作用是保护膝盖。它必须是个耐磨之物，所以蔽膝的质料才被选定为"韦"。

俗话说：百病从寒起，寒从脚下生。因此，对脚的保暖防寒，是一种生存必要。穿在脚底的袜子，需要经得起摩擦。同时，为了与脚的构造形态相匹配，袜子也需要更多的弯曲造型。因此，我们的祖先选择韦来

出土于扎滚鲁克古墓的皮毡袜

长沙马王堆出土的绢袜

制作袜子，是非常自然的。考古发现最早的袜子确为皮袜。目前发现存世最早的一双袜子是公元前九世纪的皮毡袜，出土于新疆塔里木盆地南缘扎滚鲁克古墓。

袜子用韦制作，似乎就有点皮鞋的意思了。所以如同今天去别人家做客要脱鞋，古代穿皮袜的人去别人家做客要脱袜。《左传·哀公二十五年》中记载了这样一个故事：卫国大夫褚师声子没脱袜子就入席参加卫出公的聚会，惹得卫出公大怒，要将他的脚砍断，褚师声子吓得赶紧逃走。

当然，韦再柔软，它也是皮。皮袜子穿在脚上又难免不断与地面摩擦，一定不会舒服。所以袜子的材料转变成纺织物也是很自然的。湖南长沙马王堆汉墓中曾出土过两双夹袜，由双层素绢缝成，袜面用绢较细，袜里用绢较粗，这是女袜，出土时放置在棺木边箱的竹笥之内。这种袜子被随葬，说明那时流行的袜子已不是皮韦材料了。与当时流行用纺织品缝制袜子相匹配的是，以"衣"为偏旁的"襪（袜）"字也在汉代出现了。东汉刘熙在《释名·释衣服》中已使用"襪"字："襪（袜），末也，在脚末也。"

新疆吐鲁番出土的唐代锦袜 　　　　故宫博物院藏清代白色绫画
山石鹤寿纹短腰夹袜

　　魏晋南北朝时，罗袜开始流行。曹植《洛神赋》中说："凌波微步，罗袜生尘。"有书记载，这种袜子的创始人是魏文帝曹丕的妃子。她觉得原先的袜子样子粗拙，穿脱不便，就改用轻软的丝编织成袜，这就是罗袜。

　　唐朝人冬天穿的袜子叫"千重袜"，用一层又一层的罗帛缝制而成，因此得名。宋代陶谷《清异录》"千重袜"条记："唐制，立冬进千重袜。其法用罗帛十余层，锦夹络之。""罗袜""千重袜"的材料跟丝巾相同，所以"袜"字又有从"巾"的"帓"这个异体。值得注意的是，"帓"最初表示"头衣"和"带子"，但后来又被人们用来表示"袜"。这种用字心理，当然是把袜子的材料认同为丝巾类。宋代字书《类篇》："帓，足衣也。"可见"帓"的这种老母鸡变鸭式的演变，已经得到包括文字规范层面的社会认同。

"缘" 从哪里来

　　成语"不修边幅"，多用来形容人的衣着邋遢、蓬头垢面。可见"边幅"对人的仪容来说非常重要。那么什么是"边幅"呢？我们先来解读一下"幅"字。

　　"幅"是个形声字，右旁"畐"是表音的声符，"巾"是它唯一的表义符号。"巾"是最基本的纺织品种类，因此"幅"本指织物的宽度。一般认为"边幅"指衣服的边缘。在古人看来，衣服边缘不加修饰就是不讲究外表仪容的表现。

　　衣服不修边，自然不美观，所以"不修边幅"这一成语的内在语言逻辑并不难理解。其中的道理可以从丧服要"斩衰"这个规矩中看出来。

　　"斩衰"之"衰"是"缞"的通假字，指古代丧礼中最重的丧服。这种丧服用最粗的生麻布制作，边缘裁断处麻丝外露不缉边，因称"斩衰"。

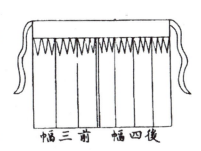

古代制裳

　　《晋书·舆服志》记载："前三幅，后四幅；衣画而裳绣。"古代丧服中"斩衰"裳下部毛边正在"前三幅"

斩衰

下，这是最显眼的衣边部位。

这种丧服，实际是以毫不修饰仪表来表示哀痛，就如同今日去参加追悼会不宜穿花枝招展的服装一样。

"不修边幅"既然不被认可，那就表明古代中国服饰对于衣边的修饰应该是非常重视的。

西周金文中多有周王或贵族对臣下赏赐衣物的记载，其中对衣物的描述每每会强调其衣边的状况。如庚季鼎铭文中有周王赐给臣下庚季"玄衣黹纯"的记录。"黹纯"之"黹"就是刺绣的意思，所以"玄衣黹纯"就是有刺绣边缘的玄衣。虎簋盖铭文中有周王赐给臣下"玄衣虦纯"的记载，"虦'其实就是后来文献中通用的"绀"，指以彩色细丝编成的线条，周王赐的是有彩色丝线装饰衣服边缘的玄衣。以上铭文中的"纯"都表衣服边缘，而西周金文用如下一种特殊构形来表达：

纯

这个字形实际是在"屯"字构形的上端增加圈形来表示衣边的装饰曲线。值得注意的是,"纯"字又多表"善美""精纯"等义,这与其早期的衣边美饰之义应有关联。

铭文中修饰"纯"字,用得最多的是"黹"。"黹"的本义就是"刺绣",其金文原形正是对刺绣形态的描摹:

从这些字形之美中,可以遥想当年"黹纯"的风采。

"纯"字后来不常表"衣边"之义,原因是秦代以后出现了"缘"字。《说文解字》:"缘,衣纯也。从糸,彖声。"可知"缘"的本义即是"衣边"。这种意义的"缘"最早出现在睡虎地秦简中。有"缘"来表"衣边"之义,"纯"当然就可以分身去表达"善美""精纯"等义。

缘

睡虎地秦简中的"缘"字

　　然而，"缘"字的意义演变似乎也走了"纯"字的老路，它后来最常用的意义乃是"缘分"，所表示的是人与人之间的一种关系。"缘分"与"衣边"是不是有关系？答案应该是肯定的：由"衣边"之义而生出衣与衣（实际就是人与人）的联系，完全符合一般词义演化逻辑。

　　"缘"还有"牵连"之义，如《新唐书·韦思谦传》："小则身诛，大则族夷，相缘共坐者庸可胜道？"其中"相缘"就是"相牵连"的意思。"缘"的这种意义，明显是从"衣边"义演变到"缘分"义的一个中间过渡。

　　值得注意的是，"缘分"表示人与人之间的交集关系，似乎倾向于美好的关系。比如"缘分"义的"缘"组成的双音词，有正面意义和负面意义两种。表示正面意义的如"良缘""善缘""福缘""情缘""亲缘"

等，表示负面意义的如"孽缘""恶缘"等。前者不仅在数量上远远多于后者，在使用频率上也远远高于后者。查"中华经典古籍库"网络数据库："良缘"出现 1763 次，"孽缘"出现112次；"善缘"出现1357 次，"恶缘"出现507次。再查北京大学CCL语料库："良缘"在古代文献语料中出现 226 次，在现代文献语料中出现 1975 次；"孽缘"在古代文献语料中出现29次，在现代文献语料中出现274次。很明显，表示正面意义的"良缘"使用频率远高于表示负面意义的"孽缘"。

衣服的缘

北宋宣仁圣烈皇后画像中精美的衣边

现代语言学研究表明，在词义的发展演变中，词的形象色彩会产生相应的作用。词的形象色彩，是指词除了它所代表的对象及其属性等理性意义之外，还同时含有的该对象的某种形象感，也就是词所代表的对象的种种形象在人们意识中的一种感性反映，它是依附于词的理性意义的一种感性印象。在"缘"由"衣边"到"缘分"的词义演变中，由于"缘"的"衣边"初义具有充分的美善形象色彩，导致它演变为表示"人与人交集"的"缘分"义时依然向"美善"的积极方面倾斜。这也就是今天我们在使用"缘"字时，主要把它组合进"良缘""善缘"里，而很少将它与"孽""恶"相组合的原因所在。

"黑头巾"的来龙去脉

　　我们用拼音输入法打"牵手"一词，常常会跳出"黔首"来。什么是"黔首"? 有个成语叫"布衣黔首"，出自《史记·李斯列传》："夫斯乃上蔡布衣，闾巷之黔首。"意思是说：李斯出身低微，是上蔡这个地方的"布衣"，小胡同里的"黔首"。将"布衣"和"黔首"并列，是因为两者所指相同。"布衣"指一般百姓，"黔首"的意思自然一样。"布衣"为什么能称小老百姓? 这是因为老百姓穿麻织成的"布"做的衣服。那么，老百姓又为什么叫"黔首"呢?

　　古书云："凡人以黑巾覆头，故谓之黔首。"(《礼记·祭义》孔疏) 秦

秦兵马俑中兵的头巾原色应当是黑色的

兵马俑中众多兵俑的头衣，如果原色还在，一定是黑色的。那么，凡人为什么要"以黑巾覆头"呢？

有一种说法，秦代崇尚水德，故"衣服旄旌节旗皆上黑"（《史记·秦始皇本纪》）。然而，文献中虽有秦尚水德的记载，但"水德"如何与"黔首"发生关系并无论说，有必要做进一步探讨。

以"黑"为低贱者的专门颜色有着悠久的历史。我们不妨看看"黑"字。

甲骨文"黑"字如下：

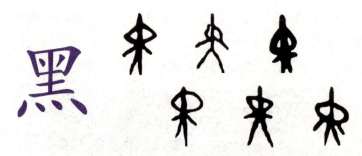

关于"黑"字构形，唐兰先生说："字本象正面人形，而面部被墨刑。"（《陕西省岐山县董家村新出西周重要铜器铭辞的译文和注释》）什么是"墨刑"呢？古书中有注释："服墨刑，凿其额，涅以墨。"（《尚书·伊训》孔传）用今天的话来说，就是刺破额头部皮肉，在里面涂上墨。可见墨刑并不是把人的整个脸面弄黑，而只是局部刺黑。因此

"黑"的造字就是在 𣎴（"天"字，本义是人的颠顶）构形中人的面部画一竖笔。

在甲骨文中，"黑"多来表示黑颜色，如"黑牡""黑豕""黑牛""黑马"等，都是卜辞中常见的。然而，在早期甲骨文，也就是武丁时代的甲骨文中，"黑"还可以表示"灾祸"的意义，如"今夕亡黑"，意思就是"今晚没有灾祸吧？"，而这种意义，在甲骨文的构形系统中，频频呈现。

比如"莫"，字形描摹的是在"黑"上加个"口"，表示受墨刑者叹息哀号之义：

学者们认为，这个字在甲骨文里表示的是"艰"，而"艰"在甲骨文里的意思与今天"艰苦""艰难"的意思有所不同，表示的是"灾祸"。不难发现，"艰"的繁体字"艱"的左旁，正是"莫"。这说明，"艱"本来就是"莫"，后来加了"艮"旁表音，才有了"艱"字。值得一说的是，甲骨文中已经有在"莫"上加"壴"旁的"𪔀"。

"壴"是"鼓"的象形字，古音与"艱"近似，是表音的声符。"𪔀"就是后来的"艰"，义为凶咎。

在甲骨文中，"莫"的下面还常常出现"火"，也就是将这个受了墨刑正哀号的人放在火上烤：

这个字用楷书写就是"燺"。它的造字意图与古人应对旱灾有关。《左传·僖公二十一年》载，周代人在大旱时，往往将巫尪（尪即残疾之人）放在烈日下暴晒，甚至将其放置在堆积的柴薪上焚烧，认为这样做可以使天降雨。据杜预注，之所以这样做，是因为"瘠病之人，其面上向，俗谓天哀其病，恐雨入其鼻，故为之旱"。因此把这样的人烧没了，雨也就来了。从甲骨文"燺"字来看，它正可表示旱灾。由此可知，甲骨文时代求雨仪式中被焚烧的人，往往是受过墨刑的人。

另外还有个"戁"字，甲骨文中表示杀戮人牲（用人来充当祭牲），它的造字构形是用兵器对着"黑"：

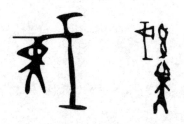

可见，遭受墨刑之人还会被当作祭牲杀掉。

以上这些甲骨文字表明，在脸面上刺黑的墨刑在甲骨文造字时代是一种普遍的刑罚。"黑"在当时应该与刑罪之人相联系。那么这种墨刑，与"黑巾覆头"的"黔首"又是怎么发生联系的呢？这与古代"象刑"有关。

所谓"象刑"，就是在中国上古时代，替代身体受刑的象征性刑罚。这种刑罚并不伤害人的肉体，只以对人的精神和人格的摧残为目的。文献记载有"虞舜象刑，犯墨者皂巾"（《酉阳杂俎·黥》）的说法，就是用戴黑头巾的方式来象征墨刑。

将黑色与辱罚相联系的上古意识，在汉字中也有表现："黜"字之义为"贬斥免废"，"点（點）"字之义为"施辱"，"黩"字之义为"蒙辱"，这三字都以"黑"为表义偏旁。黑色的这种意义略为变异，则可与邪恶、凶暴、不祥发生联系："黑祲"，为不祥之气；"黑道"，为不祥之日；"黑业"，为邪恶之业；"黑杀"，指凶恶苛暴。现代汉语中的"黑帮""黑店""黑手"之类词语也传达着这种上古意识。

具有辱罚意义的黑色，也容易同处于社会底层的庶民百姓发生联系。如果戴黑头巾的意义从刑罪泛化为低贱的身份，以"黔首"作为平民百姓的称谓也就不难理解了。

"黔首"又叫作"黎首"，"黎首"的同义词又有"黎元""黎氓""黎蒸""黎庶""黎甿""黎萌"乃至尚行于今日的"黎民"。这些作为小民称谓的双音词中的"黎"，其实也有"黑"的意思。《诗经·小雅·天保》："群黎百姓。"郑笺："黎，众也。"甲骨文"众"字多见，绝大部分为"日"下三人的构形：

汉字造字中以三表示"多"，三人就是众多之人。他们在"日"之下，实际所指就是在太阳之下劳作的农夫。在甲骨文中，"众"所出现的刻辞

辛勤劳作的中国古代农夫

都表示农夫劳作。农夫常年在日光直晒下耕作，面目黧黑自然也就成为他们的外观特征。"黎"字有"众"之义，又有"黑"之义，将农夫称为"黎民"，其实就是把他们叫作"面色黝黑的民众"。"黑"是一种庶民之色。

由此可见，"黑"演化为一种象征低贱者的颜色，有着充分的历史环境的依据，"凡人以黑巾覆头"作为一种礼法习尚，并没有什么可奇怪的。

"黑衣人"的前世今生

说了黑巾覆头的人，我们再来说说穿黑衣的人。

一说到"黑衣人"，人们或许马上会联想到巴里·索南菲尔德执导的那部同名经典科幻喜剧电影。影片中的黑衣人是专门对付入侵地球外星人的特殊警察，肩负着保护人类的特殊职责。虽然影片《黑衣人》中的穿黑衣者出现在未来世界，但是我们穿越历史隧道，却可发现早在两千多年前，中国大地已经出现"黑衣人"，而他们同样担负着特殊的使命与职责。

电影《黑衣人》海报

《战国策·赵策四》记载，赵国大臣左师触龙替幼子向赵太后求侍卫一职时说："愿令得补黑衣之数，以卫王宫，没死以闻。"其中"黑衣"，就是王宫侍卫的代名词。这种黑衣人是专门护卫国君和朝廷的，在担负特殊职责这一点上，与未来世界的"黑衣人"有类同之处。

中国古代的"黑衣人"

无论是保卫地球人还是保卫王宫，"黑衣人"的基本特征就是"有用、有益"。"黑衣"包含的意义与前文所述"黔首"所用"黑巾"的意义显然并不相同。

中华文化从来就是多元的。"黑"的象征意义分成两路演化，齐头并进，这也没有什么好奇怪的。

"黑"字作为颜色词在传世文献中首次出现于《尚书·禹贡》，其中提到大禹治水后，人们去兖州耕作，而那里的自然环境是"厥土黑坟，厥草惟繇，厥木惟条"。所谓"厥土黑坟"，就是那里的土壤地高、色黑、肥沃，因此草木丰盛，即"厥草惟繇，厥木惟条"。由此可见，从土地之黑色中获得的感受，与从墨刑之黑色中获得的大相径庭。土地肥沃，对于人类生存而言无疑具有最大的"有用、有益"特征，所以用黑色来象征此类意义也是很自然的。

随着时间的推移，与"黑衣"一职近似，又出现了被称为"皂隶"的人群。

明代彩色釉皂隶陶俑

"皂隶"指的是一种穿黑色衣服以表特定身份的人，最初是指奴隶，如《左传·襄公十四年》："庶人工商，皂隶牧圉。"后来多指衙门中的差役。《聊斋志异·皂隶》中记载了一个诡异的故事：明朝万历年间，历城县令梦见城隍向他要人去服役，他就从自己衙门里挑选了八名差役，将他们的姓名写在文牒上到城隍庙烧了。当天晚上，这八个人就都死了。这八个可怜的差役，就是所谓"皂隶"。皂隶是封建社会的统治体系中最下层的权力执行人群。明人陈士元《俚言解》"皂隶"条记皂隶的服装是盘领的皂衫。

　　虽然皂隶护卫的不是王宫，职责也更加繁杂，但他们也是穿黑衣的人，这种性质，从"皂隶"两字中即可窥见。

　　"隶"表示奴隶类的贱役，而"皂"也就是"黑"的同义词。将"皂"

皂荚

与"隶"相连缀，这显然是因为黑色为衙门贱役的专有服色。显然，黑色的服色意义由"黑衣"到"皂隶"，虽然传承了官府执事意义，但尊卑地位却有了变异。说来也巧，"皂"字表"黑色"的意义，也经过了一番曲折的变异。

今人看到"皂"字，一般就会想到洗涤用品之名，诸如"肥皂""药皂""香皂"等等。这种用法的来由还是很清楚的："皂"可指"皂荚"，"皂荚"是一种落叶乔木，它结的果实即荚果，富于胰皂质，可以去污垢，所以古人用它来洗涤物品。现代的制皂，虽然未必再用皂荚，但是制成品也称之为"皂"却是很自然的。

"皂"还有一种意义，指"皂斗"，即壳斗科植物栎树（又名橡树）的果实。

栎树（又名橡树）

皂斗因其富含鞣质，可以制成深浅不一的黑色染液。于是，"皂"又有了"黑色"的意义，这也正是"青红皂白"之"皂"的意义。关于这一点，《说文解字》徐铉校定本说得很清楚："草：草斗，栎实也。一曰象斗子。""臣铉等曰：今俗以此为艸（草）木之艸（草），别作皂字，为黑色之皂。案：栎实可以染帛为黑色，故曰草。通用为草栈字。今俗书皂，或从白从十，或从白从七，皆无意义，无以下笔。"

显然，"皂"与"草"有过一段彼此难分的历史，有必要捋一捋其中的纠葛。

其实，"皂"的前身是"草"字，它最早出现在石鼓文中：

石鼓文

用"艸""早"两个偏旁组成，前者是"草莽"的"莽"的本字，用以表义，后者则表音。秦简文字和小篆将"艸"简化为"艸"，变成：

秦简　　　　　小篆　　　草

　　"草"为何被《说文解字》释为"草斗，栎实也"？这当然可以用"借用"（《古文字谱系疏证》第653页）即通假来解释。但是，梳理相关文字演变实际状况，似乎还有更复杂的原因。

　　"草"中表音的"早"从"日"从"甲"（古文字"甲"写作"十"），甲是天干第一位，因此"早"是个表示日始出的会意字。然而，该字却是被更早用来表示"皂"的。就出土文献来说，有学者认为，在睡虎地秦简（《秦律五·杂抄三十》）中，"早"的意义正是用为"皂"的（《古文字谱系疏证》第644页）。就传世文献而论，《周礼·大司徒》"其植物宜早物"的"早"也是表示"草斗"的（强运开《石鼓释文》）。据此可以认为，先有"早"字因通假而有了"草斗"义，而"草斗"是植物，所以加注"艸"旁也可视为营造后起本字的行为。当然，这种演变，客观上造成"草"既表"草木"又表"草斗"的兼职现象，为免除文字交际中的误会，用"从白从十"的"皁"或"从白从七"的"皂"去分担"草斗"义是汉字记录汉语精密化的必然趋势所致。值得注意的是，"皁"或"皂"的表义偏旁为"白"，"白"是"黑"的反义词，而白物正是染黑的对象。在汉字偏旁对字义的表达方式中，这种情况并不鲜见，如"日"作义符可以构成"暗""昧"等。因此，"皁"或"皂"两字的结构，也并非如徐铉所说"皆无意义"。

　　在"皂"字来龙去脉的梳理中，其"黑色"之义的来由也得以说明了。

但是又有一个新的问题浮出水面："黑色"本有"黑"字来表达，那么，根据语言文字的经济性和区别性原则，"皂"是没有必要出现的。所以，我们不禁要问："既生黑，何生皂？"

要解答这个问题，可以审视一下由表"黑色"的"皂"所组成的词："皂衣"，指的是黑衣，秦汉时官员所穿，后降为下级官吏的服装；"皂服"，旧时小吏所着的黑衣服，亦借指小吏；"皂裘"，黑色的皮衣；"皂巾"，古代受墨刑者所戴的黑色头巾；"皂带"，黑色的衣带；"皂领"，黑色的衣领；"皂履"，黑色的鞋子……以上释义，皆出于《汉语大词典》，应该可信。由此可知，"皂"所表示的是专表服装颜色的"黑"，而不是一般意义的"黑"。因此，这种"黑色"，用一个本表黑色衣服染料"草斗"的"皂"来表示再合适也不过了。更需要注意的是，从汉字发展史的视角来看，用"皂"表服装颜色的"黑"并非是一个孤立现象。

早期汉字（殷商甲骨文、西周

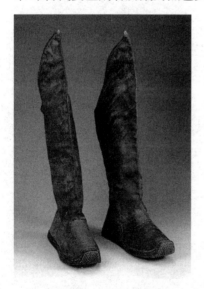

皇太极皂靴，故宫博物院藏

金文）中很少有表颜色的字。但在战国时代的
出土文献里，"红""绿""紫""绯""缟"等
从"糸"旁的颜色字纷纷出现，到《说文解字》
中，这种"糸（纟）"旁的颜色字多达几十个。这
种文字现象，需要从文化的层面加以解读。

《文化的变异》，
辽宁人民出版社1988年版

人类学家曾对人类颜色概念的产生做过相
当深入的调查，结果他们发现："色调的数量随
着文化的复杂程度增加而增多……越复杂的社
会所需要的颜色词可能越多，这是因为他们拥
有更多的可以由颜色区别开来的装饰品，或者是因为他们有更为复杂的
制备各种染料和涂料的技术。"（见《文化的变异》，辽宁人民出版社1988
年版，第132页）。由此我们再来思考"糸"旁颜色字在战国秦汉间大量涌
现的问题，或不难领悟其中缘由："糸"就是丝，乃是服装原料，用它来作
为众多颜色字的表义偏旁，表明人们对服装染色具有很高的关注程度。
显然，用"糸"旁颜色字涌现的因由来解释"皂"表黑色服色文字现象的发
生也是合适的，差别仅仅在于："糸"旁字表颜色，表义的焦点在被染色的
对象；"皂"表黑色，表义的焦点在于"草斗"，也就是服装的黑色染料。

那么，服装的颜色染成皂色为什么会得到充分的重视，进而导致
"皂"发生了上述那些颇不寻常的字词现象呢？这又与古代社会把服装

明代木版画《皂隶门神》

颜色与人身份地位相联系的服色制度不无关系。由"黄袍加身"一语，可知黄色是帝王之服色；由"朱紫尽公侯"的诗句，可知朱和紫是古代高官的服色；由"戴绿帽子"一语，可知绿头巾原来是古代娼妓家人的帽子。而"皂"作为服色，也有类似意义，这种意义正体现于"皂隶"一词。

由此可知，"皂"之"黑"，与"黑墨""黑煤""黑天""黑云"的"黑"是有所不同的，这也是它在汉字字符集里存在的理由。而我们也可以对"青红皂白"一语的奥妙有着更深切的领悟：也许正是因为"皂"的"底细"更加复杂，比喻"底细"的这个词语才没有说成"青红黑白"，而是用"皂"来替代"黑"。

黄袍与绿帽

　　成语"黄袍加身"，意思是受人拥戴而即天子之位。此语兴于隋至唐宋之间，可知其时"黄"为皇帝的专用服色。"黄"作为尊者服色，至少能追溯到《诗经》，《绿衣》里有"绿兮衣兮，绿衣黄里""绿兮衣兮，绿衣黄裳"的句子。根据古人注释，《绿衣》是一首讽刺夫人失位、贱妾得宠的诗，而讽刺的手段是用服色颠倒作比：黄本贵，却用在下衣（裳）和衣里；绿本贱，却用到了上衣和衣表。显然，至少在春秋时期，人们已经以黄为象征尊贵的服色了。此种风习延续到后世渐被推到极端。隋制，黄袍为皇帝常服；唐高祖武德初年又明令禁止士庶以黄为服色。于是，帝王乘的车被称作"黄屋"，皇帝的文告被叫作"黄榜"，皇帝近侍之臣或官署又叫"黄门"。

连环画《黄袍加身》，上海人民美术出版社1982年出版。"黄袍加身"见《宋史·太祖本纪》，后来人们用这个成语喻指夺取帝位。

甲骨文　　　　楚系简帛

秦系简牍　　　说文古文　　　说文小篆

　　由"绿衣黄里""绿衣黄裳"诗句,可知先秦时期,与"黄"相对的
"绿"地位低下。为什么"绿"不受待见? 因为它在古人眼中不是正色。汉
代扬雄《法言·吾子》"绿衣三百,色如之何矣"注:"绿衣虽有三百领,
色杂,不可入宗庙。"据此可知,绿是杂色,因而穿绿衣的人是没有资格
入宗庙参加祭祀的位卑者。

　　受阴阳五行学说的影响,古代中国人的基本宇宙观念就是天圆地
方,天地又分为东、南、西、北、中五方,它们分属木、火、金、水、土五
德,各与青、赤、白、黑、黄五色相配。因为这五色是天地之间五大地域
的本体颜色,所以被视为正色,而五色相杂而成的颜色如青黄之绿、赤
白之红(古代指浅红)、青白之碧、赤黑之紫和黑黄之骊黄则被视为间

中国的阴阳五行学说中，木、火、金、水、土五德，各与青、赤、白、黑、黄五色相配。

色，也就是杂色。这就是正色尊、间色卑的思想基础。

"绿"倘为头服之色，则将其卑贱的象征意义推到了极端。

绿头巾的传统，至少可寻踪到汉武帝的姑母馆陶公主晚年的面首董偃。据《汉书·东方朔传》所记，馆陶公主为了让汉武帝认可她所宠幸的小鲜肉董偃，耍手段把汉武帝诓到自家府第，老公主穿上厨子用的围裙，亲自引武帝进府就坐。已知公主用意的武帝说："希望见见主人翁。"老公主就坡下驴，领董偃出来拜见武帝。只见董偃戴着下人包头用的绿巾，身穿皮袖套，随着公主来到武帝座前俯伏于地。公主介绍说："馆陶公主的厨子董偃冒死拜见皇上。"董偃趁机叩头请罪。这段记载，是汉语"主人翁"这个词的出典，没想到最早的这位主人翁是个戴绿头巾的。

唐代封演的《封氏闻见记·奇政》中记载：李封为延陵令，吏民有罪，不加杖罚，只是让他裹上绿头巾示辱。罪重者戴的日数多，罪轻者戴的日数少。"吴人著此服出入州乡，以为大耻，皆相劝励，无敢僭违。"可见到了唐代，绿头巾已演变为一种侮辱性服饰。

关于李封的绿头巾处罚措施，明代郎瑛在《七修类稿·辩证类·绿头巾》中认为，李封这是借鉴了春秋时期同类的事情，"及见春秋时有货妻女求食者，谓之娼夫，以绿巾裹头，以别贵贱"。也就是说，李封借用了史籍所载春秋时期一个娼夫戴绿巾的例子，而用绿头巾让犯罪者感到屈辱。

到元代，绿头巾的处罚成了明文规定的内容，《元典章·礼部服色》："至元五年，准中书省札，娼妓之家，家长并亲属男子裹青巾。"

明代以后，"戴绿头巾"一语便被用来泛称妻子与外人有奸情。《五杂俎·人部四》曰："国初之制，绿其巾以示辱，盖古赭衣之意。而今亡矣，然里闬尚以'绿头巾'相戏也。"郎瑛《七修类稿》也称"今吴人骂人妻有淫行者曰绿头巾"。"绿头巾"这种屈辱的象征，此后一直沿袭至今，现代人多称作戴"绿帽子"。

有的研究者认为，"绿帽子"骂人的意义，与中国龟文化的演变有关。龟的背上容易附生绿色水藻，看起来就像盖着一块绿毛巾，很容易让人联想起娼家男子戴的绿头巾。而且，乌龟头的特征又很容易跟男性联系在一起。这样，用乌龟指称其妻子与人通淫的男子，也就找到了一种"根据"。

值得注意的是，"绿"作为一种颜色，其造字思维却只是与衣服的原料相关。《说文解字》："绿，帛青黄色也。从糸（纟），录声。"许慎的这段解释文字，似可作这样的理解："绿"的本义就是指"帛"的颜色"青黄"，所以它的表义偏旁是用来织成帛的"糸"。也就是说，"绿"本来并不是一般意义上的颜色概念。然而，"绿"字发展史的真实情况并非如此。

从出土文字材料来看，"绿"字始见于战国，构形大致如下：

这些字形与《说文解字》中"绿"字的小篆书体不同但结构无异：

说文小篆　　　绿

"绿"在战国楚简中出现了8次。其中有的用法确实符合《说文解字》的解说。如：

《绿衣》之思。（《上海博物馆藏战国楚竹书·孔子诗论》10）

《绿衣》之忧，思古人也。（《上海博物馆藏战国楚竹书·孔子诗论》16）

鄦（许）昜（阳）公一纺衣，绿里。（仰天湖 25 号楚墓竹简遣策 1）

以上"绿衣"，即《诗经》篇名。"绿"指上衣之"绿"。"绿里"之"绿"是指衣服里子的颜色。

楚简中的"绿"也可指"绳带"的颜色，如包山楚简遣册中的"绿组之縢"，"縢"指带子、绳子，"绿组之縢"是绿色的绳带。

"绿"在楚简中还可以表示席垫的颜色。"席""茵"指铺垫的东西，成语"茵席之臣"喻指侍奉于皇帝左右的近臣。《晏子春秋·内篇·杂上》："公曰：'请进服裘。'对曰：'婴非君茵席之臣也，敢辞。'"茵席的背面称"里"，包山楚简遣册、望山二号楚墓竹简遣策中有"绿里""绿之里"，都是指茵席背面为绿色。

古代的茵席

由此来看，"绿"在其最早出现的文献语言中，并不仅指"帛青黄色"，然而，为什么偏偏要从"糸"得义呢？这只能说明，对我们祖先来说，颜色概念主要依附于衣装的颜色。在为"绿"造字时，首先想到的是衣服的绿色，于是便以"糸"来充当其表义偏旁。"黄"字的造字本义虽然不是表示颜色（造字描摹凸胸、仰面、腹部膨大的残疾人），但它在西周金文中，同样出现了用"巾"来表义的字形：

当然，这种造字思维，与用服装颜色来指称地位高低贵贱的习尚也是相通的。换句话说，自古以来"黄"和"绿"作为颜色的社会意义，都取决于传统服色制度。

何为"红得发紫"

　　"红得发紫"形容某人极受信任、重视,可见"红"与"紫"两种颜色不同一般。那么,这两种颜色是如何获得非同寻常的地位的呢?

　　有种说法认为,这与古代官服的颜色制度有关。古代九品官制下,按照官位从高到底分别穿着紫袍、朱(红)袍、青(蓝)袍、绿袍。因此"红得发紫"的意思就是说快离开"朱",要升级到"紫"那一层级了。此说大方向不错,但有必要做一点具体的分析。

　　"红得发紫"的"红",所指颜色古今有所不同。《说文解字》:"红,帛赤白色。"也就是说,"红"本指"赤"和"白"调和出来的颜色,用今天的话来说,就是粉红色。成语"桃红柳绿"的"红"所指的桃花之色,

紫袍玉带,气宇轩昂

就是"红"字本来代表的颜色。直到中古时代，"红"才变成各种红色的泛称，进而指今日所谓"红色"。白居易《忆江南》"日出江花红胜火"之"红"，既然是"胜火"了，当然就是今人所说"红"的颜色了。

所以古书中的"红"，并不都指尊贵之色。《论语·乡党》："君子不以绀緅饰，红紫不以为亵服。"这是说，"绀"和"緅"指深青透红和黑中有红的颜色，虽然也带红，却是杂色，所以君子不用其来作装饰。"红"和"紫"均为间色而不是正色，所以连私居亵服也不能用。作为正色的"红"，其实本多称作"朱"。有个成语叫"红紫夺朱"，意思是"红""紫"这类不正的颜色夺了正色朱的位置，比喻以邪压正。这个成语本来又叫"红紫乱朱"。汉代赵岐《孟子题辞》："孟子闵悼尧、舜、汤、文、周、孔之业将遂湮微，正涂壅底，仁义荒怠，佞伪驰骋，红紫乱朱。"由此可见，"红得发紫"中的"红"，对应的是上古文献中的"朱"或"赤"。

甲骨文　　金文

楚系简帛　　秦系简牍　　说文小篆

唐代阎立本《步辇图》

《步辇图》中穿朱服的官员

《诗经·七月》："我朱孔阳，为公子裳。"意思是：我染的朱色非常鲜亮，用它制作公子的衣裳。可知贵为"公子"者，服色以朱为宜。服朱的嗜尚，或可追溯到山顶洞人以赤铁矿染其穿戴，以及在尸体胸部抛撒红粉的举动，虽然此种举动带有明显的巫术色彩。

"朱门""朱户""朱轮"等等在古书中都指尊贵者、权势者的专有物，与此相应，朱也便成了高官的服色。

唐代诗人罗隐写过一首著名的诗《感弄猴人赐朱绂》，诗中这样写道："十二三年就试期,五湖烟月奈相违。何如学取孙供奉,一笑君王便著绯。""何如学取孙供奉"又作"何如买取胡孙弄","胡孙"即"猢狲",也就是猴子。朱绂原本指的是古代礼服上的红色蔽膝,后成官服的代称。此诗讽刺皇上的昏庸荒唐:得到朱服是一个读书人苦熬寒窗十余载也未必能实现的愿望,而一只宠物猴子却轻易地获此殊荣,无怪乎罗隐要大发感慨了。

"紫"常常与"朱"连缀成辞,原因在于紫与朱一样,也是尊贵者的服色。白居易《秦中吟·歌舞》:"雪中退朝者,朱紫尽公侯。"可见公侯是以朱紫为服色的。而"垂朱拖紫"又成为高层官僚贵族的代称。然而,这似乎又与前文所引的"红紫不以为亵服"中的"紫"有了矛盾,当然,这也表明"紫"的服色地位有一个发展演变过程。

紫在上古,曾是一种遭到贬斥的颜色。《论语·阳货》中说:"恶紫之夺朱也。"意思是:紫夺取了朱的地位是可憎恶的。紫和朱为什么会遭到不同的对待呢?据古代传注,因为朱是"正(纯)色"而紫是"间(杂)色之好(美)者",所以要"恶其邪好而夺正色"。正色、间色的观念是与上古以阴阳五行比附五色的学说相联系的,具体内容相当复杂,我们不必详说。

在这种观念里,正色是同正统、尊贵相联系的,而间色则同非正统、卑贱相联系。所以作为间色的紫受人贬斥也是合乎情理的。由此,"朱紫"一词在上古又可比喻正邪、是非、优劣。《后汉书·陈元传》有"夫明者独见，不惑于朱紫"之说，意思是高明的人不会不辨正邪真假。而"紫色蛙声"这一成语又成为邪恶虚假的代名词："蛙声"被认为是淫邪之声，正好与不纯正的"紫色"相当。

然而，紫色虽为间色，却很符合古人的审美习惯，所以又被认为是"好者"，即美的颜色。它的双重性格，终于导致其服色地位的变化。随着周王朝的衰败，"礼崩乐坏"的不可逆转，称雄一方的诸侯们便竞相穿紫衣服。有两个历史故事很能说明这种情况。

一个是"齐桓紫衣"。《韩非子》中记载：齐桓公非常喜欢穿紫衣，于是上行下效，齐国人都争着穿紫衣，以致紫的价格暴涨。齐桓公为此而烦恼，于是向管仲求计，随后按照管仲的计策，非但自己不穿紫衣，而且声称自己讨厌紫色的气味，不让穿紫衣的人接近自己。三天以后，齐国境内便没人再穿紫衣了。

同齐桓公相比，卫庄公对紫色的喜好犹有过之。《左传·哀公十七年》中记载了这样一件事：卫庄公造了一座刻有虎兽纹的小木屋，完工后，想找一个有好名声的人同自己在里面吃第一顿饭，太子疾派人去

《齐桓公》（齐鲁书社1997年版）封面

124

请与卫庄公的姐姐有私情的浑良夫。浑良夫穿着狐皮紫袍来赴宴，来了后敞开皮袍，不解佩剑就吃饭。太子疾见状就派人把他拉出去，列举了三条罪状：紫衣、袒裘、佩剑。说完就把这位请来的"贵客"宰了。穿紫衣为什么成为浑良夫遭致杀身之祸的第一大原因呢？因为紫是卫国国君服色，浑良夫穿紫衣犯了僭越之罪。

明代朱邦《北京宫城图》的紫禁城

正因为有违传统礼制的衣紫之风在春秋时代日趋兴盛，所以以"复礼"为己任的孔夫子不免有"恶紫之夺朱"的感叹。然而紫色的服色地位并未因孔子的好恶而改变。相反，紫在后世日见得宠，形成了新的礼制内容。除"朱紫"之外，"金紫""紫袍金带"也都成了高官厚禄者的代名词。而其缘由则是"紫"已演化成此等权贵的法定服色。到了唐代，"紫"竟然超越到了"朱"之上，成为三品以上官服的法定服色，而"朱"却等而下之，为三品以下五品以上官服服色。

紫色之所以得势，当然与古人的审美情趣有关，但也未必仅止于此。汉代以后人们以紫为天之色,所以"紫穹""紫宙""紫霄""紫虚""紫冥"成为天空的代称。由此引申开去,紫色又与天神仙道发生了联系:"紫府""紫房""紫宫""紫清"指神仙、天帝的居所,而"紫云""紫气"都表示祥瑞之征候。再引申之,"紫宸""紫庭""紫极""紫禁""紫垣""紫阙"所指都是帝居帝位。由此不难想到,紫色既然被赋予了这种神圣的意义,对于消除其早期由"间色"性质带来的邪僻、卑下意义,发展其由"色之好者"的特性而引发的服紫欲求,进而确定以紫为尊的服色制度,无疑会起一定的推进作用。

从上述情况来看,"紫"显然比"红"更早得到人们的偏好,而出土文字材料也可以证明这一点。

"红""紫"二字在地下出土文字材料中的出现,都迟至殷商西周以后。"紫"的出现稍早,见于春秋晚期的蔡侯墓残钟:

金文

而到战国楚简中则已多见:

包山简　　　　曾侯乙简　　　　望山简　　　　信阳简　　　　仰天湖简

"红"则始见于战国楚简：

楚系简帛　　　　　　　　　秦系简牍

可见"紫"不但出现时间稍早，字形写法更远多于"红"。再对比"紫""红"二字在出土文献中的出现频率，又会发现前者同样大大高于后者。在目前公布的战国楚简材料中，"紫"一共出现243次，其中包山简17次、曾侯乙简201次、望山简15次、信阳简6次、仰天湖简3次、新蔡简1次。而"红"仅出现8次，其中望山简4次、信阳简1次、仰天湖简3次。

与出现数量的巨大落差相应，"红""紫"二字作为颜色词修饰的物品种类数量也有多寡之别。"红"修饰的有"组"（绶带）、"緅"（绸）、"介"（读为"袷"，义为衣裾）。"紫"则除了修饰衣装和衣服配件类物品外，还有"盖"（车盖）、"綪"、"鞅"、"鱼"（鱼皮）、"韦"、"鞁"、"扂"（承载兵器和旗的东西）、"席"、"茵"、"羽"、"箙"、"縢"、"锦"等。

出现"红""紫"二字的出土文献，基本上是"遣册"，也就是墓葬中陪葬物品的清单。

古代丧葬习俗是把死者所喜好物品尽量用于陪葬，所以"遣册"中所记物品应是当时人们生活所用物的汇总。"紫"多"红"少，则表明当时人喜用紫色，而不怎么待见红色。可见"红"的咸鱼翻身要更晚。

　　虽然由贱转贵的时间有早晚差异，但是"红""紫"二字的翻身原因还是一致的。《说文解字》中"红""紫"二字的字形说解，与前文讨论的"绿"字都像是同一个模子里刻出来的，"红"是"从糸工声"，"紫"是"从糸此声"。

说文小篆　　　　　　　　　说文小篆

　　"糸"作为服装衣料成为唯一表义偏旁，正表明造字者对这两种颜色的认知，都是与服装颜色联系在一起的。

五代南唐顾闳中原作、宋摹本《韩熙载夜宴图》局部

图书在版编目（CIP）数据

汉字的衣裳 / 刘志基著 . -- 上海 ：上海文化出版
社 ，2025．1． --（汉字里的中国）． -- ISBN 978-7
-5535-3111-3

Ⅰ．H12-49

中国国家版本馆 CIP 数据核字第 20246Q58G4 号

汉字的衣裳
刘志基 著

责任编辑：蒋逸征
装帧设计：王怡君

出　　版：上海文化出版社　上海咬文嚼字文化传播有限公司
地　　址：上海市闵行区号景路 159 弄 A 座 2—3 楼
邮　　编：201101
发　　行：上海市闵行区号景路 159 弄 A 座 206 室
印　　刷：上海四维数字图文有限公司
规　　格：889×1194　1/20
印　　张：6.7
版　　次：2025 年 1 月第 1 版　2025 年 1 月第 1 次印刷
书　　号：ISBN 978-7-5535-3111-3/H.078
定　　价：42.00 元

告读者：如发现本书有质量问题，请与印刷厂质量科联系。
电　话：021-37212888 转 106